Gerhard Nowc

Moin Flensburg!

Geschichten und Anekdoten
aus der alten Fördestadt

Wartberg Verlag

Impressum

Bildnachweis:

Sammlung Polizei Flensburg: Titel, S. 38
Schleswig-Holsteinischer Zeitungsverlag (sh:z):
Buchrückseite, S. 10, 11, 41
Günter Grätsch: S. 72, 73, 77
Dahl: S. 32
Berndsen: S. 6
Johannes Lehmann: S. 15, 16
Sammlung Nowc: S. 20, 27, 28, 29, 50, 61
Foto Nowc: S. 25, 51
Sammlung Müller: S. 22, 42, 46, 47
Armin O. Scheich (Archiv sh:z): S. 54, 56, 64, 65

Titelbild: Bescherung auf der ZOB-Kreuzung
Buchrückseite: Oma Oehmichen, die Leierkastenfrau

2. Auflage 2006

Layout: Attila Jo Ebersbach, Kassel
Druck: Steinmeier, Nördlingen
Buchbinderische Verarbeitung:
Buchbinderei Büge, Celle

34281 Gudensberg-Gleichen, Im Wiesental 1
Telefon (0 56 03) 9 30 50
www.wartberg-verlag.de
ISBN-10: 3-8313-1694-5
ISBN-13: 978-3-8313-1694-6

Inhalt

Vorwort

Wenn ein Flensburger einen Schwaben oder Bayern am frühen Abend mit einem kernigen „Moin!“ begrüßt, ist sein Gegenüber verblüfft. Und vielleicht kommt ein tief erstauntes „Guten Morgen“ als Reaktion zurück auf den Gruß, der so typisch für Flensburg ist wie das Nordertor.

Und so liegt es nahe, unter dem Motto „Moin Flensburg“ Geschichten und Anekdoten aus der Fördestadt vorzustellen, die selbst für manchen Alteingesessenen überraschend sind. Erinnern Sie sich daran, dass sich über die Fläche vom Deutschen Haus bis zum Nordertor einst zwei riesige, idyllische Teiche erstreckten, dass auf dem Platz des Kaufhauses Karstadt vormals das Rathaus stand oder dass der nüchterne ZOB früher von einem schönen mit Türmchen verzierten Gebäude geschmückt wurde?

Der Spaziergang durch das alte Johannisviertel mit seinen Fabriken und Arbeitsplätzen mitten in der Stadt und dem einstigen „Hotel Europa“, vorbei am Hafen und durch das Lautrupbachtal weckt Erinnerungen an Kindheit und Jugend, in der das eigene Viertel und die ganze Stadt mit ihren interessanten und so geheimnisvollen Ecken ein großer Abenteuerspielplatz war. Der Bummel dorthin weckt immer wieder nostalgische Gefühle und provoziert die gern gesprochenen Worte „Weißt Du noch?“

Mancher Neu-Flensburger sagt seinen Mitmenschen nach, in ihrer Freude an nostalgischen Gefühlen hätten sie eine Rückwärtsgewandheit entwickelt, die den Blick auf das notwendig Neue verstellt. Vielleicht ist diese Eigenschaft, wenn es sie denn überhaupt gibt, ein Beleg dafür, dass Flensburg eine liebenswerte Stadt war und ist, in der man so gern lebt, wie man sich mit „Moin!“ grüßt.

Gerhard Nowc

„Ohne Drehorgel kann ich nicht leben!"

Sie gehörte zum Flensburger Stadtbild wie die Straßenbahn: Oma Oehmichen, die Leierkastenfrau. Die Flensburger freuten sich, wenn sie sie sahen. Nicht unbedingt wegen der Musik, sondern wegen der gewohnten Erscheinung. Und gerne gab man den Groschen, 50 Pfennig oder auch die Mark in die kleine, flache Blechdose oben auf dem Leierkasten. Für kleine Kinder war die Begegnung auch eine Mutprobe: Ein bisschen war die fremde Frau mit ihrem Musikinstrument schon unheimlich, mit den vielen Runzeln im Gesicht, das so freundlich lächeln konnte. Die sich immer nett für jeden Groschen bedankte. Nein, war die Hemmung erst überwunden und – von Mutter angefeuert – das Geld abgegeben, flitzte der Steppke oder die kleine Deern ganz schnell zurück an Mutters Hand und beobachtete das musikalische Schauspiel aus sicherer Entfernung.

In der Innenstadt war Oma Oehmichen fast immer zu finden, aber einmal im Monat kam sie auch rum durch die Stadtviertel. Sie ging so weit, wie sie ihre Füße trugen: Von ihrer Wohnung in der Teichstraße rauf zum Hafermarkt, durch die lange Bismarckstraße, über die Brücke, hinauf die Steigung in die Mürwiker Straße. Man sah, wie viel Kraft sie das kostete. Energisch musste sie sich nach vorn gegen ihren Leierkasten lehnen, um ihn die Steigung hinaufzudrücken. Oben endlich, zwischen den neuen Häusern, begann das Konzert, vor den Häusern und auch dahinter, auf den Plätzen, auf denen die Wäsche trocknete. Und hörten die Hausfrauen die Musik, wurde schnell die Geldbörse gesucht, eine Münze herausgenommen, in auffälliges Papier gewickelt und aus dem Fenster geworfen, möglichst nahe an den Leierkasten. Oma Oehmichen bückte sich, sammelte die Gabe auf und dankte hinauf zu den Fenstern.

Und die Musik war auch Zeichen für die Kinder der Siedlung, den Sandkasten zu verlassen, sich zusammenzurotten und – in der Gruppe ist man stark – die Annäherung zu wagen. Da wurde dann auch ein Fachgespräch angefan-

So kannten die Flensburger sie: Oma Oehmichen singend, von Kindern umlagert.

gen: „Warum spielst du denn immer dasselbe?“ Und: „Hast du auch andere Musik?“ Die Leierkastenfrau hatte nicht. Sie nahm sich die Geduld, den Kindern zu erklären, warum nicht. Ihre Drehorgel hatte nur die Walzen, die eingebaut waren. Die Montage neuer Walzen – neuer Lieder – wäre möglich, aber dann müsste der Kasten weit weg in die Werkstatt und das Geld dafür hatte seine Besitzerin nicht. Also immer wieder: „La Paloma“. Wenn sie gut in Form war, sang Oma Oehmichen dazu. Nicht unbedingt schön, ihre Stimme hatte etwas vom rauen Gesang der Seeleute, war aber unvergesslich.

Manchmal war die Leierkastenfrau aus Flensburg verschwunden. Dann ging sie, wie sie sagte, auf Tournee. Westerland, Niebüll oder Kiel zur Kieler Woche nahm die tüchtige Geschäftsfrau ins Visier. Da saß die Mark noch lockerer und da war die Leierkastenfrau noch nicht so bekannt. In Westerland gehörte der Abstecher zu einem Restaurant in der Friedrichstraße dazu. Dort arbeitete ein Flensburger als Koch. Die Drehorgel brachte für ihn vertraute, heimatliche Klänge. Dann wurde die Dame mit der Drehorgel zum Essen eingeladen. Zum Dank spielte sie hinterher auf.

Dann plötzlich war sie weg vom Fenster. 1989 vermissten etliche Flensburger die gewohnten Töne ihres Leierkastens. Elsa Oehmichen war krank, richtig krank. Wer sehen konnte, hatte schon vorher erkannt: Das Gehen mit ihrem Leierkasten fiel ihr immer schwerer. Bei einem Interview machte sie keinen Hehl aus der Krankheit: Die Hüfte war verschlissen. Zur neuen Hüfte kam noch ein künstliches Kniegelenk. Als sie von der Reha zurück war, lernte sie wieder gehen: an Krücken, auf dem Trockenboden des Hauses, in dem ihre Tochter lebte. Die Flensburger ließ sie wissen, wie sie sich fühlte: Sie hatte Sehnsucht nach den Menschen in der Fußgängerzone und wollte wieder auf die Straße. Während ihrer Krankheit war auch ihr Leierkasten zur Kur: Ein alter Bekannter hatte ihn in der Zeit in Pflege genommen und aufgearbeitet, aus alter Freundschaft kostenlos.

Die Sehnsucht nach Kurbel und Kasten und ihr brennender Wunsch nach persönlicher Unabhängigkeit brachten sie wieder auf die Beine. Sie war wieder da. Klare Worte: „Ohne Drehorgel kann ich nicht leben!“ Damals fingen die Flensburger an zu spekulieren. Die Leierkastenfrau – wenn die man nicht unheimlich reich sei und ganze Schätze in ihrem kleinen Haus gehortet hatte. Das waren Gerüchte, wie sie Kinder vom Piratenschatz träumen lassen. Oma Oehmichen erklärte ohne Hemmungen: Mit ihrem Leierkasten verdiene sie sich eine Kleinigkeit zur Sozialhilfe dazu. Das war die Wirklichkeit, alles andere nur Romantik. Wirklichkeit war auch, dass wieder eine Krankheit sie umwarf. 1992 waren es die Knie. Neue Operationen lehnten die Ärzte ab. So war die Leierkastenfrau ans Bett gefesselt und auf Pflege angewiesen. Konnte sie von alten Zeiten erzählen, glänzten ihre Augen.

Der Bericht über ihre neue Erkrankung weckte bei vielen Flensburgern das Mitleid. So bei zwei Jungen, Sven und Lars Berndsen. Als sie ihren neuen Videorecorder ausprobieren wollten, war ihnen in der Stadt Oma Oehmichen vor die Linse gekommen und hatte gerne bei den Aufnahmen mitgemacht. Die Jungen hörten von der Erkrankung, erinnerten sich an die Aufnahmen, schnitten diese zu einem Film zusammen – und machten ihn der Leierkastenfrau als Trost zum Geschenk. Schade nur, dass sie keinen Videorekorder hatte, aber hier half ein Flensburger Fachgeschäft mit einer Leihgabe aus. Die alte Dame konnte sich nicht satt sehen an den Bildern, besah sich aber auch kritisch: „Ich muss gerade stehen“, nahm sie sich selbst ins Gebet. Richtig auf die Füße ist sie nicht mehr gekommen. Ihr Leierkasten sollte nicht mehr auf der Straße erklingen: Oma Oehmichen starb im Februar 1995.

Zigarren im Anflug

Die Begeisterung über die neuen Luftfahrzeuge war in Flensburg riesig. So im Jahr 1910, als das Luftschiff Parseval 6, kurz P 6, angekündigt war. Der Name Parseval stand für eine Bauart, bei der die Ballonhülle mit Gas gefüllt wurde. War sie tragfähig genug, wurde die Motorgondel daruntergehängt, die dem Apparat eine gewisse Lenkfähigkeit gab. Das konstruktive Gegenstück dazu waren die Zeppeline des berühmten Grafen, deren Hülle über ein Metallgerippe gezogen wurde. Vorteil: mehr Größe, mehr Gas, mehr Tragfähigkeit. Doch diese Feinheiten waren der Flensburger Gruppe im Verein für Motorluftschifffahrt Nordmark zunächst egal. Ihr kam es darauf an, ein Luftschiff von Berlin nach Schleswig-Holstein zu holen. „Das erste, große, lenkbare Luftschiff, das unsere Provinz besucht."

Flensburgs Gruppe im Verein für Motorluftschifffahrt wollte unbedingt die fliegende Sensation über der Förde sehen. Eine große Koppel des Jürgensbyer Bauern Philipp Lassen wurde hergerichtet. Am 30. und am 31. Oktober war das Spektakel in der Stadt perfekt. Die Schiffe der Vereinigten Dampfschifffahrtsgesellschaft waren bestens ausgebucht, gutbetuchte Bürger aus dem Umland rollten mit ihren Autos in die Stadt, um die Sensation mitzuerleben. Wer nicht kam, war Parseval 6.

Am Turm der St.-Jürgen-Kirche wehte die weiße Flagge, „Zeichen des sicheren Nichterscheinens" des fliegenden Ungeheuers, das es bereits nach Kiel geschafft hatte. Begeisterung, die zwar geweckt war, aber nun ihr Ziel nicht fand – die Flensburger wurden langsam sauer. Der Verein entschuldigte sich wieder und wieder: schlechtes Wetter, ablaufender Chartervertrag, Panne, unpassende Windrichtung. Dann wurde klar: Die Freude an der neuen Technik war auch ganz schnöde eine Sache des Geldes. 4000 Mark wurden fällig bei der Ankunft von P 6 über Schleswig-Holstein, 2000 Mark für jeden weiteren Tag der Tour über das Land.

Luftschiff „Graf Zeppelin“ 1934 im Anflug auf Flensburg.

Kurs Innenstadt. Der Zeppelin war, von Angeln kommend, über der Stadt aufgekreuzt. In den 1930er Jahren waren die „fliegenden Zigarren" für die Flensburger zum gewohnten Anblick geworden. Der Fotograf hatte für dieses Foto auf dem Dach des Zeitungshauses Position bezogen.

Als die Frage „Er kommt doch?" mit immer bangerem Unterton gestellt wurde, packte der Verein noch einmal das runde Sümmchen von 500 Mark drauf. Das langte. Die weiße Flagge wurde von St. Jürgen eingeholt, stattdessen die rote gehisst, die der ganzen Stadt signalisierte: Er kommt!

Auf den Hügeln rund um die Stadt versammelten sich immer mehr Menschen – Blick nach Süden. Die Spannung stieg und stieg. Dann: Glockenläuten. P 6 war da! „Und bald wurden auch die, die unten im Tale blieben, gewahr, wie der gewaltige Körper mit seiner im Sonnenglanz hell leuchtenden gelben Hülle und den eilig laufenden Schraubenflügeln ruhig und sicher heranschwebte. Einen laut tönenden Gruß entboten alsbald auch dem Schiffe der Luft die im Hafen liegenden Dampfer und die Fabriken mit ihren Sirenen", heißt es in einem zeitgenössischen Bericht.

Auf der Jürgensbyer Koppel tobte die Menge. Parseval 6 zog noch einige prächtige Schleifen über der Stadt, bevor er zur Landung ansetzte. Soldaten griffen die aus der Gondel herabgeworfenen Taue, zogen, machten fest, brachten das Luftschiff zum Stillstand. „Eine tausendköpfige Zuschauermenge brach bei der Landung des Luftschiffs in nicht endende Hochs aus, das Musikkorps des Regiments Königin intonierte ‚Deutschland, Deutschland über alles'." Oberbürgermeister Todsen begrüßte den Luftschiff-Führer, Oberleutnant Stelling, mit einer Ehrengabe: einem von der Flensburger Kunstgewerbeschule gefertigten Tintenfass aus Ebenholz mit einer weiblichen Figur, die die Hände empor streckt und einen Palmenwedel trägt. Schöne neue Zeit!

Eine halbe Stunde später – noch mal Musik, noch mal Hurras – schwebte Parseval 6 wieder in der Luft, Kurs Süden. Einige Flensburger durften mitfliegen. Etliche Jahre später erhielt der Schauplatz des Geschehens in Erinnerung an das Ereignis den Namen „Parsevalstraße".

Dann kam „Luise". Sie war das erste Luftschiff der Bauart Zeppelin, das Flensburg ansteuerte. Er kam tatsächlich, von Tausenden erwartet – und enttäuschte sie böse. Eine dürftige Runde steuerte seine Besatzung über der Stadt, legte nicht einmal eine Zwischenlandung ein – und verschwand dann wieder. Da der Zeppelin-Auftritt Höhepunkt eines Flugtages sein sollte, spotteten die Flensburger: „Flugtag – Fluchtag!" Fast 60 000 Zuschauer fühlten sich links liegen gelassen.

Wer dennoch dem Zeppelin weiterhin Interesse entgegenbrachte, sollte ein Jahr darauf voll auf seine Kosten kommen. 11. August 1912: Die „Hansa" kam! Größtes Zeppelin-Luftschiff seiner Zeit und am Steuer ein Flensburger Jung, Dr. Hugo Eckener. Vom Turm der Jürgenkirche zeigten zwei Flaggen, dass die fliegende Zigarre in Hamburg abgehoben hatte, auf dem Weg nach Norden war. Etliche Flensburger verzichteten allerdings darauf, den langen Weg hinaus zum Landeplatz Schäferhaus zu pilgern, sondern suchten sich in der Stadt einen guten Aussichtspunkt. Fotos belegen, dass sogar im Kreisbahnhof am Hafendamm die Dächer der kleinen Waggons gestürmt wurden.

Und die blendendweiße „Hansa" lieferte ihnen allen das Schauspiel der neuen Zeit. Von Osten schob sie sich heran, die „Nase" der fliegenden Zigarre ging wie ein kleiner Mond über der Clädenstraße auf. Ein Augenzeuge: „In einem tausendfachen Ah! Machten sich die Gefühle Luft, die beim majestätischen Anblick eines solchen Luftschiffes die Menschen bewegen." Nach mehreren Schleifen über der Stadt ging der Zeppelin am Schäferhaus nieder, Eckener stieg aus, begrüßte Frau und Verwandte. Ein Extra-Hoch wurde auf den berühmten Flensburger ausgebracht. Eine halbe Stunde später erhob sich die „Hansa" wieder zum Himmel. Kleiner Gruß noch von Bord: Ein Stapel Flugpostkarten regnete aus dem Luftschiff auf die Zuschauer, dann verschwand es in Richtung Süden.

Lehrling Johannes in St. Johannis

Der Tag fing ja richtig großartig an. Im Nebenraum der Werkstatt griff Lehrling Johannes Lehmann in das Regal, um eine Ölkanne herauszunehmen. Dabei schob der Ellenbogen eine andere Kanne über die Kante. Mit einem Scheppern – kurz, aber laut – schlug sie auf den Boden auf und der zähe Inhalt ergoss sich über den Fußboden. Blödes Ding! Der Krach rief Heinrich auf den Plan, Altgeselle und vor einem Jahr unversehrt aus dem Krieg zurückgekehrt. Mit einem Klatschen setzte es eine Ohrfeige. Johannes musste seinen Ärger unterdrücken: Denkt der etwa, er sei immer noch beim Militär, statt hier in der Maschinenbauanstalt Friedrich Grimm, Flensburg, Johannisstraße 32. Und die Wange brannte.

Aber der Tag hält auch noch schöne Dinge für den Stift bereit. So hat er den Auftrag erhalten, ein neues Zahnrad von der Eisengießerei Jepsen & Sohn abzuholen. Zu gerne sieht er sich dort um, was sonst nicht gestattet wurde – aus Angst vor der Konkurrenz. Zügig geht Johannes durch die Johannisstraße zum Hintereingang der Gießerei, wo ihn ein Geselle in Empfang nimmt. Schnell geht er mit Johannes durch die Hallen, wird aber angesprochen. Fein, jetzt ist die Gelegenheit für einen Blick. Ehrfürchtig schaut der Stift hoch zum großen Schmelzofen. Heute ist Gießtag, da wurde das Monstrum schon früh angeheizt und strahlt nun seine Hitze in den Raum. Glück gehabt: Jetzt kommt der spannende Moment. Arbeiter öffnen den Verschluss, ein glühendes Auge beginnt rot zu strahlen. Rot und gelblich leuchtend strömt das flüssige Metall in den Kübel. Der wird zu den Gussformen, Kästen aus Holz mit Formsand im Innern, getragen und wieder fließt das Metall. Aber sein Begleiter Johannes muss weiter. Präzisionsarbeit wird nebenan geleistet. Hier sind die Formenbauer am Werk. Einer der Männer hebt gerade seine Arbeit ans Licht, um sie zu prüfen. Tatsächlich, ein Zahnrad, mit Streben zwischen der Achse und dem Zahnkranz. Das Teil aus Holz wirkt geradezu schön.

Markante Fassade: Die Eisengießerei Jepsen & Sohn an der Wilhelmstraße prägte das Johannisviertel mit als Industriegebiet.

Was er in einem der nächsten Räume sieht, lässt ihn grienen: Erwachsene Männer, die an Sandkästen spielen. So sieht es jedenfalls aus. In Wirklichkeit eine ernste Sache, das Anfertigen der Gussformen. Dafür werden die feinen Holzmodelle in Formsand „eingegraben“. Nein, „eingraben“ wäre nun wirklich respektlos für diese Arbeit. Mit kleinen Kellen, Pinseln und Löffeln wird der schwärzliche Formsand

Obwohl es eines der letzten erhaltenen Gebäude des Industrieviertels war, wurde das markante Tor-Haus abgerissen.

so sorgfältig wie möglich an das Holzmodell gedrückt, das bis zur Hälfte in der Masse verschwindet. Ein weiterer Rahmen kommt auf den Kasten, wieder folgt die Prozedur mit dem Sand, die Einfüllöffnung für das flüssige Metall wird gesetzt. Der Guss kann beginnen. Danach sind die Kollegen von der Putzerei dran. Sie müssen mit ihren Feilen die Grate vom abgekühlten Eisen beseitigen, die sich nie ganz vermeiden lassen. Und auch der letzte Krümel Formsand wird hier weggeputzt. Und hier erhält Johannes Lehmann auch das Zahnrad, das sein Betrieb bestellt hatte.

Dann ist Mittag, überall bricht die Arbeit ab. Johannes flitzt durch den Eingang des imposanten Torhauses der Gießerei auf die Wilhelmstraße. Gegenüber fährt donnernd ein Zug aus dem Bahnhof. Mit viel Getöse schiebt eine zweite Lokomotive nach, damit der Zug die Steigung schafft. Über den Damm durch den Mühlenteich, durch das Tal an der Papiermühle hindurch, hinauf die Steigung nach Weiche. Das Schauspiel muss Johannes zu Ende ansehen, erst danach geht er in seine Werkstatt, bringt das Zahnrad, holt sein Pausenbrot und schlendert wieder zur Bahn. Was hat er gehört? Der Bahnhof soll weg, raus aus der Stadt. Dafür wollen sie die Mühlenteiche zuschütten. Na, wenn das man klappt. So schnell wie möglich kommt Johannes wieder die Augustastraße herunter. Seifengeruch sticht ihm in die Nase. Der Wind treibt Schwaden von Dampf aus der Seifenfabrik zwischen Wilhelmstraße und Bahndamm. Wenn Johannes hier seinen Blick schweifen lässt, versucht er sich vorzustellen, was er von alten Leuten gehört hat. Dieses ganze Gelände soll einst Hafen gewesen sein, bis an die Häuser am Südermarkt und an die Angelburgerstraße heran. Nur die Johanniskirche auf ihrem Hügel ragte zusammen mit ein paar Hütten aus dem Wasser. Doch immer mehr Sand trugen die Bäche in den Hafen, die Flensburger warfen Erde und Dreck von den angrenzenden Grundstücken hinein und verlängerten so ihre Grundstücke. Das Gelände der Jepsenschen Gießerei vor dem Margarethenhof sollte einst ein wunderschöner Garten gewesen sein. Nun stand hier Schlot neben Schlot, Halle neben Halle.

Halt, Johannes unterbricht seinen Gang. Erst noch hinein zu Höker Brodersen. Der hat die leckere Schokolade aus der Schokoladenfabrik Kosmos am Munketoft. Wozu hat man denn vor zwei Tagen bis spät in die Nacht den Dieselmotor der Mühle in Hüsby repariert.

Und dann vom Müller ein Trinkgeld kassiert, das gar nicht so schlecht war. Schnurrte aber auch wirklich wieder fein, der Motor.

Gerade zurück nach der Pause, läuft Johannes dem Bruder des Chefs in die Arme. Der hat einen Auftrag für ihn, der dem Jungen so richtig nach dem Geschmack ist: „Mach mir mal den Fafnir fertig!“ Das lässt sich der Junge nicht zweimal sagen. Am Auto arbeitet er unheimlich gern und der Chef lässt ihn, weiß um sein Talent. Der selbstfahrende Wagen steht in der Garage hinter dem Kohlenlager Ecke Johannis- und Augustastraße. Öl einfüllen, Benzin in den Tank gießen, mit der Pumpe Luft in die Reifen drücken – die Arbeit an diesen Automobilen, wenn sie denn noch mehr werden, könnte sich Johannes als Beruf vorstellen.

Eigentlich lässt sich so ein Ding ja ganz einfach fahren. Soll er mal? Schnell ist die Kurbel zwischen den Vorderrädern gedreht, rauf auf den Vordersitz, mit Kraft den Gang rein, verdammt, das Ding fährt wirklich, aber nicht rückwärts aus dem Tor heraus, sondern vorwärts. Mit einem Bums wird der Fafnir von der Garagenwand gestoppt. Mit hochrotem Kopf springt Johannes vom Bock, schiebt den Wagen nach vorn, ein unheilvolles Knistern ist zu hören. Dem Himmel sei Dank, Schrammen oder Beulen sind nicht zu sehen. Keinen Moment zu früh kommt der Bruder des Chefs um die Ecke, steigt auf den Sitz, ist zufrieden mit der Vorbereitung. Einmal die Kurbel gedreht, der Motor läuft sofort, der Fafnir biegt um die Ecke, holpert das Pflaster der Augustastraße hinunter. Nun sieht Johannis auch den Grund für das Knistern: Eine Ölkanne aus Blech liegt plattgewalzt am Boden. Na gut, davon gibt es in den Regalen genug.

Ein Leben auf der Förde

Anna Thiele kannte sie alle: Den piekfeinen „Ernst Günther“, der die Fachwelt an der Küste zum Schwärmen brachte. Die todschicke „Feodoria“, genau so alt wie Anna Thiele und mit so rasanten Linien, dass Schiffsliebhaber kennerisch mit der Zunge schnalzten: die Lady auf der Förde. Und natürlich die „Alexandra“, so elegant wie ihre Schwester „Feodora“, aber gewollt etwas stärker um die Hüften. Nein, den Dampfer „Kanal“ wollte sie nicht „Wurstkessel“ nennen wie viele Spötter an Bord, schließlich war auch dies ein Schiff, das tapfer sein Geld verdiente. Also, bitte, warum lästern?

Typisch Flensburg: der Hafen und die Förde. Typisch Flensburg: die Dampfer, die einst Tausende von Flensburgern unter mächtigen Rauchfahnen aus ihren Schloten sonntags zu den Ausflugsorten am Rand der Förde brachten. Typisch Flensburg: ältere Damen, die mit ihren Partoutkarten (card-passepartout = Dauerkarten) während der ganzen Saison die Schiffe nutzen konnten, dies auch reichlich taten und sich in einem Kauderwelsch unterhielten, bei dem ein Nicht-Flensburger seinen Ohren nicht zu trauen glaubte. Nach dem Namen der Dauer-Fahrkarte wurde die Sprache „Petuh“ und die Benutzerinnen „Petuhtanten“ benannt.

Anna Thiele kannte sie alle. Sie kannte auch noch den Erfinder der Fördefahrten, der es eigentlich verdient hätte, dass ein Denkmal für ihn aufgestellt oder eine Straße in Hafennähe nach ihm benannt wird: Friedrich Mommse Bruhn, Flensburger Caffee- und Colonialwarenhändler. Geboren in Gravenstein, überraschte er die Flensburger mit manch Neuem, etwa dem Schaufenster zur Präsentation der Waren in seinem Geschäft am Südermarkt. In den 1860er Jahren reiste er, 32 Jahre alt, nach Hamburg. Auf der Alster entdeckte er die neuartigen Ausflugsdampfer und war entzückt. Im Kopf des Kaufmanns entstand eine Vision: Warum nicht auch in Flensburg solche Schiffe? Zurück

Erfolgsmodell: die Card-passepartout für Dampferfahrten während der ganzen Saison.

in der Heimat, begann Bruhn Partner zu suchen, mit denen er die Idee verwirklichen konnte. Schifffahrt auf der Förde wurde bis dahin nur unter Segeln betrieben, mal mehr, mal weniger zuverlässig, je nach Windrichtung und -stärke. Bruhn schafft es, in Flensburg den Eisengießer Heinrich. M. Jepsen und seinen Kaufmannskollegen Wilhelm C. Frohne zu überzeugen: Was auf der Alster geht, geht auch auf der Förde.

Im Mai 1866 war es so weit: Der von den drei Flensburgern in Hamburg in Auftrag gegebene Dampfer „Seemöve“ war fertig. Mit ihm wurde die erste Fördelinie eröffnet: Flensburg–Kollund–Glücksburg–Sandacker–Ekensund–Gravenstein. Endlich gab es eine bequeme Möglichkeit, das Flensburger Umland längs der Förde zu erreichen!

Nicht alle waren begeistert. Im Gegenteil: Die „nüümodschen Stinkewer“ sorgten für Misstrauen. Die Stadtväter von Gravenstein gaben es Kaufmann Bruhn sogar schriftlich, sie untersagten ihm das Anlegen mit einem Dampfer in Ortsnähe. Er hätte ja explodieren können. Und die Gemeinden Süderhaff, Randershof und Brunsnis musste der frischgebackene Flensburger Reeder erst einmal überzeugen, dass die rauchenden, pfeifenden und schwimmenden Dampfkessel sicher waren.

Und dann waren da noch die, deren Taschen mit Stacheldraht zugenäht war. Was wollten diese spinnerten Flensburger? Anlegebrücken sollten gebaut werden, auf Kosten der Gemeinde oder manches Wirtes, dessen Lokal ganz in der Nähe lag und der gut vom neuen Gästestrom profitiert hätte? So ein Quatsch! Brunsnis zum Beispiel wollte sich der neuen Zeit nicht ganz verschließen und baute zwar die Brücke. Aber Holz war teuer und so war es gut, zu sparen wo irgend möglich. Als die „Seemöve" aus Flensburg kam, drängten sich Dutzende von Menschen auf dem Steg. Plötzlich der Krach – das ganze Empfangskomitee samt Musikkapelle versank bis zur Brust im Wasser. Die Dampfermannschaft konnte sich kaum halten vor Lachen.

Trotzdem: Vernunft und Geschäftssinn setzten sich durch – die Fördefahrt begann zu florieren. Pech für Fiede Bruhn, dass es damals noch nicht die Möglichkeit gab, sich eine Geschäftsidee schützen zu lassen. Und so kam es, wie es kommen musste. Die Idee wurde geklaut. Ein Reeder aus Sonderburg ging ebenfalls mit Dampfern auf Fördefahrt. Über der Geschäftsidylle zogen dunkle Wolken auf. Ein Preiskrieg wurde zwischen Flensburg und Sonderburg ausgefochten. Lachende Dritte waren die Fahrgäste, weil sich die Konkurrenten mit neuen Schiffen und immer niedrigeren Preisen unterboten. Die Aktionäre beider Gesellschaften sahen ihre Dividende untergehen und verlangten von den Direktoren, Gespräche über eine Fusion aufzunehmen. So trafen sich die Geschäftsleute von der Förde und vom Alsensund 1875 in Bruhns „Privatcomptoir" und gründeten eine Betriebsgemeinschaft. Stattliche Beförderungszahlen waren zu verzeichnen: 600 000 Passagiere im Jahr.

Eine Basis des wirtschaftlichen Erfolges waren die Passagiere, die die „card-passepartout" kauften. Für 62 Mark durften sie in der Saison alle Linien bis nach Apenrade befahren. An Bord waren sie – zumeist Damen – die „Prominenz auf der Förde". Sie wussten über alles Bescheid, was

Anna Thiele in der Restauration der „Alexandra“.

sich auf dem Wasser bewegte. Die Sitzgelegenheiten mit der schönsten Sicht, aber windgeschützt, beanspruchten sie und, wehe!, jemand wagte es, sich dort niederzulassen. Mit Schimpfkanonaden und angriffslustig vorgestreckten Schirmen wurden die Plätze zurückerobert.

Anna Thiele erlebte noch, wie der Herr Direktor Bruhn den resoluten Damen ins Netz ging und mit ihren Wünschen überschüttet wurde. „Herr Direktor“, bestürmten ihn die Petuhtanten, „sseit ßie 1872 führten der Petuhkartens ein, hab ich jedes Jahr eine chehabt un jedes Jahr alle Fahrtens abchefahren. Können Sie nun nich un verlängern Ssäson um einen Monat?“ Aber dann, so erinnerte sich Anna Thiele, wurde Direktor „Fiede“ energisch: „Go endlich to hus un stopp de Strümp!“, herrschte er die Damen an.

Es gab noch ganz andere Passagiere – vierbeinige. Viele Dampfer waren als Kombinationsschiffe gebaut worden: Sie konnten nicht nur Fahrgäste, sondern auch Fracht und Vieh mitnehmen. Ein einträgliches Geschäft! Allerdings wollte mancher Vierbeiner nicht unbedingt mit dem Schiff fahren und ging schon von der Ladeplanke oder von Bord ins Wasser. Dann war es an einem Viehtreiber, das widerspenstige Viech aus dem Fördewasser zu bergen.

Aus der Gemeinschaft wurde am 27. November 1896 die Flensburg-Ekensunder und Sonderburger Dampfschiffahrtsgesellschaft – kurz: „die Vereinigte“.

1908 kam ein Prachtstück von Schiff zur Flotte: die „Alexandra“. Sie sollte das Flaggschiff der Dampfer werden. Nicht ganz so schlank wie die „Feodora“, aber auch nicht so windanfällig. Vater Thiele heuerte an Bord der „Alexandra“ an. Ihm wurde die Gaststätte, die Restauration, unter dem Vordeck des Schiffes zugewiesen.

Wenig später hatte Restaurateur Thiele Hilfe. Seine Tochter Anna, zehn Jahre vor der Indienststellung der „Alexandra“ geboren und nun eine schmucke, fixe Deern, ging ihm dabei zur Hand, für die Gäste das Bier zu zapfen oder den Grog einzuschenken und die Getränke an den Tisch zu bringen. Einmal zitterten ihr doch die Knie: Als Direktor „Fiede“ an Bord der neuen „Alex“ kam, auf die Brücke ging und eine Tasse Kaffee verlangte. Das Mädchen brachte sie nach oben. Es war ein Ritual: Der Direktor wollte sehen, ob sich die Flüssigkeit in der Tasse kräuselte. Tat sie es nicht, lief das Schiff absolut ruhig, ohne Vibrationen. Bruhn guckte kritisch und trank dann die Tasse leer – einverstanden!

Anna Thiele hat die Fördefahrt mit all ihren Höhepunkten erlebt. Als ihr Vater aus Altersgründen die Arbeit in der

Restauration aufgeben musste, übernahm sie den Posten, und die Gäste waren zufrieden.

Das Zauberwort, das nach dem Zweiten Weltkrieg wieder volle Schiffe bescherte, hieß nun „zollfreier Einkauf“: Schnaps, Zigaretten, günstige Butter. Der Begriff prägte die ganze Branche: Butterdampfer. Mit Dampf hatte diese Schifffahrt allerdings nichts mehr zu tun, die neuen Schiffe wurden von Dieselmotoren angetrieben. Noch bis in die 1970er Jahre setzte die Förde-Reederei die „Alexandra“ als letztes Dampfschiff einer einst großen Flotte ein, dann hieß es im August 1975 „Feuer aus“ im Maschinenraum. Der Dampfer lag am östlichen Hafenufer, wurde nicht mehr gepflegt und nicht mehr bewegt. Anna Thiele konnte nach Hause gehen.

Mit Freude hat sie mit verfolgt, dass die Flensburger das Ende des Dampfers nicht hinnehmen wollten. Eine Gruppe fasste den Entschluss, an Bord zu gehen und mit Restaurierungsarbeiten zu beginnen: Bundesweit die erste Schiffsbesetzung. Etliche Flensburger halfen mit Arbeitskraft, mit Material und Kuchenspenden. Irgendwann ging den Verantwortlichen in der Reederei auf, dass der Plan, die „Alex“ zu verschrotten, nicht aufgehen würde. Der Verein der Schiffsliebhaber konnte schließlich den Dampfer in seinen Besitz nehmen. Die Stadt wurde gebeten, in die Erhaltung einzusteigen. Aber im Rathaus winkte man aus Angst vor einer dauerhaften Kostenlast ab. Oberbürgermeister Dielewicz und Sparkassen-Chef Wedegärtner fanden jedoch eine geniale Lösung. Führende Mitarbeiter aus dem Geldinstitut wurden gebeten, sich im Verein zu engagieren. Sie stiegen ein, retteten den Verein nach dem ersten großen Werftaufenthalt vor einer saftigen Pleite und stellten das ganze Vorhaben auf eine professionelle Ebene. Diese Hilfe wird bis heute geleistet. So gelang es, den letzten Zeugen einer großen Zeit, das schwimmende Wahrzeichen Flensburgs und anerkannte Kulturdenkmal „Alexandra“, für die Nachwelt zu retten. Nach einer umfangreichen Kur in der Werft wurde die „Alexandra“ im Januar 1989 von

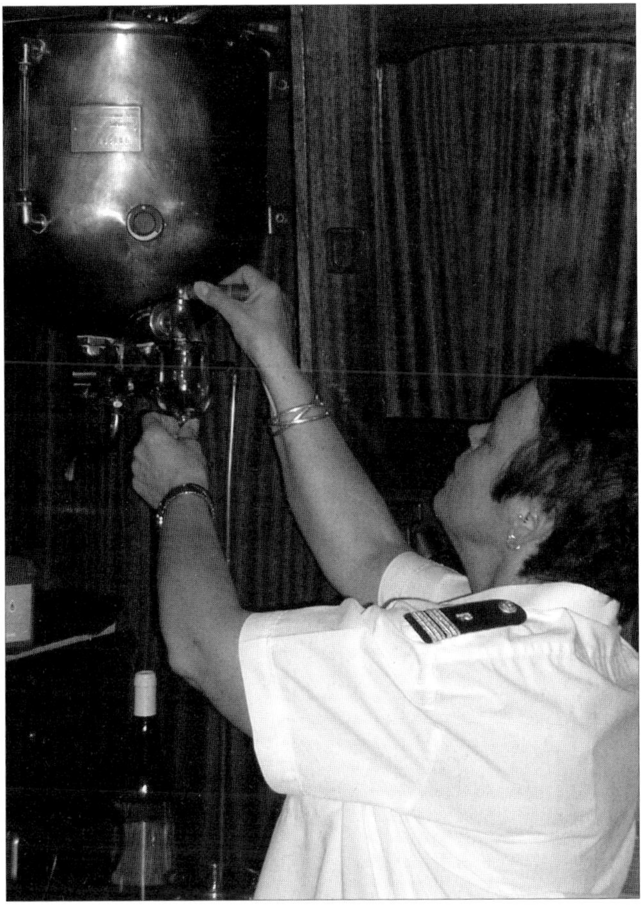

Der Kessel, mit dem Anna Thiele heißes Wasser für manchen schönen Grog bereitete, ist heute noch an Bord des Dampfers.

Tausenden von Flensburgern an den Ufern ihres Heimathafens begeistert empfangen.

Mit dabei war immer Anna Thiele, die den jungen Leuten an Bord in den Arbeitspausen erzählte, wie es früher auf der Förde zuging und die bei allen, die sie kennen lernten, unvergessen ist. Anna Thiele starb Anfang der 1990er Jahre. In Ehren gehalten wird in „ihrer" Restauration noch ihr Wasserkessel, mit dem sie manchem Gast das Wasser für seinen Grog bereitet hat. Und die „Alex" steuert mit voller Kraft auf ihren 100. Geburtstag im Jahr 2008 zu.

„Plötzlich brach die Hölle los!“

Ohne größere Zerstörungen und Beeinträchtigungen ging für Flensburg der Zweite Weltkrieg zu Ende. In der Stadt am Rande des Deutschen Reiches gab es für die Alliierten keine Ziele, die für den Verlauf des Krieges wichtig gewesen wären. Sicher, einige Luftangriffe musste die Stadt hinnehmen. Sie galten vor allem der Flensburger Werft, deren U-Boot-Produktion getroffen werden sollte. Tragisch, dass einer dieser Angriffe die Fischfabrik im Brauereiweg traf. In deren Luftschutzkeller kamen die Jungen und Mädchen eines dänischen Kindergartens ums Leben, die dort Schutz gesucht hatten. Aber von den großen Bombardements, wie sie andere deutsche Städte erleben mussten, blieb Flensburg verschont. Dafür hatte es die zweifelhafte Ehre, „Reichshauptstadt“ zu werden, als die Nazis beim Untergang Berlins ihr Heil in der Flucht suchten.

Als dann die Waffen schwiegen, bot sich in der Flensburger Förde ein absonderliches Bild. Wohin das Auge reichte, lagen deutsche Marineschiffe. In etlichen Buchten ankerten U-Boote, die unmittelbar vor der Kapitulation wieder verschwanden. Die „Führung“ hatte die Aktion Regenbogen ausgerufen, die den Besatzungen die Selbstversenkung befahl, damit die Boote nicht den Besatzern in die Hände fielen. So verschwanden sie auf Grund.

Nachdem die Alliierten den Befehl übernommen hatten, erhielten die Führungen aller Marineschiffe den Befehl, für die Entwaffnung zu sorgen. Die Waffen mussten unschädlich gemacht, die Munition musste abgeliefert werden. Der Befehl sah vor, dass Granaten, Minen, Wasserbomben und andere Kampfmittel in Flensburg am Harniskai abzuliefern waren. Dafür wurde ein Sammelplatz auf dem Gelände des U-Boot-Stützpunktes, an der Spitze des kleinen Beckens des Freihafens, angelegt. Hier stapelte sich, zumeist unter freiem Himmel, Munition von einer furchtbaren Vernichtungskraft. Eine spätere Gerichtsverhandlung ergab, dass

14. Juni 1945, kurz nach 8 Uhr: Explosionen und Rauchschwaden über dem Hafen. Das Munitionsunglück ist nicht mehr abzuwenden.

dieser Lagerplatz mit Ordnung auch nicht das Geringste zu tun hatte; es war das Chaos pur.

Und so kam es, wie es kommen musste. Am 14. Juni 1945 um 8.10 Uhr erschütterte die erste Detonation das Gebiet Kielseng. In einer Baracke aus Stein, in der Munition gelagert war, flog wahrscheinlich zuerst 2-cm-Flakmunition in die Luft. In der Baracke breitete sich Feuer aus. Angehörige der Arbeitskommandos und eingesetzte Soldaten konnten von Glück sagen, dass sie die erste Explosion ohne größere Verletzungen überstanden. In Sekunden breitete sich in der Baracke ein Brand aus. Die Flammen griffen über auf weitere Munition, die explodierte. Dichter schwarzer Rauch hing über dem Gelände. Von überall her liefen Männer heran, die den Brand löschen wollten.

Dann der erste schwere Schlag: Großkalibrige Munition der Schiffsartillerie, auf einem Haufen ungeordnet neben der Steinbaracke gesammelt, flog in die Luft. Die größte Gefahr lauerte noch: 900 Wasserbomben, bereits entschärft,

Die Druckwelle hat den Tender „Donau“ kentern lassen Die Aufbauten sind zerfetzt.

lagen etwa hundert Meter entfernt. Als sie hochgingen, hatte Flensburg seine Katastrophe. Die Druckwelle raste über die Stadt und ließ beinahe jede Scheibe zerbersten. Die Wucht der Explosion jagte den nahegelegenen Volkspark hinauf und riss die Bäume aus der Erde und ihre Blätter von den Zweigen. Am rot verklinkerten Silo in der Nähe stürzte die Wand ein, eine andere beulte sich gefährlich aus. Marineschiffe, die am Harniskai festgemacht hatten, wurden die Aufbauten abrasiert; die Druckwelle ließ sie an der Kaikante umkippen. Der Druck war so stark, dass sie sogar noch im zehn Kilometer entfernten Husby Fensterscheiben zerstörte.

Wolfgang Fricke, kommissarischer Flottilleningenieur auf dem Tender „Donau“, hatte gerade seine Kammer im Aufbaudeck verlassen und war auf dem Weg zum Frühstück in der Messe. Die „Donau“ war nur einen Steinwurf weit entfernt vom Munitionslagerplatz vertäut im Freihafen. An ihrer Wasserseite hatten mehrere kleine Torpedofangboote „im Päckchen“ festgemacht. Auf seinem Weg

Der Hafensilo mit der zerstörten Ziegelwand.

sah Fricke, wie auf dem Lagerplatz die Baracke in die Luft flog. Leicht verletzt lief er in seine Kammer und raffte in rasender Eile ein paar Sachen zusammen. Als sich die „Donau“ auf die Seite legte, ließ sich Fricke auf das daneben liegende Torpedofangboot herunter. Zu Recht befürchtete er, dass der Tender das Boot mit in die Tiefe reißen würde, sollte er sinken. Also kletterte Fricke auf das letzte Boot des

„Päckchens“ und warf die Leinen los. Unter dem Überbau des hinteren Geschützstandes wartete der Soldat die weiteren Explosionen ab. Wegen seiner Verletzungen konnte er sich nicht mehr bewegen und wurde später von Helfern gefunden.

Georg Schleiminger, Obergefreiter auf einem der Torpedofangboote, war auf dem Weg zum Tender „Donau“ zu einem Besuch des Bordfriseurs. „Plötzlich brach die Hölle los!“ Mit einem Kameraden nahm Schleiminger Deckung hinter der Bordwand. Der Kamerad meinte: „Wenn die Minen und Wasserbomben hochgehen, sind wir geliefert!“ Die Soldaten hangelten sich von der „Donau“ auf die kleineren Boote herunter und sprangen dann ins Wasser. Auf der Landzunge zwischen Freihafen und Hafenausfahrt kamen sie wieder an Land und suchten Deckung hinter einer Bodenwelle. „Die große Druckwelle kam danach. Sie fegte über uns hinweg.“ In Panik liefen die beiden Soldaten in die Stadt. Bei seiner Rückkehr Stunden später erfuhr Schleiminger, dass er bereits auf die Verlustliste gesetzt worden war.

Ungeheures Glück hatte die damals 13 Jahre alte Margot, die mit ihrer Familie in einem kleinen Haus am Rande des Lagerplatzes lebte. Am Morgen war ihre Mutter zur Arbeit in eines der Hafensilos gegangen. Das Mädchen hatte Zeit für seine Lieblingsbeschäftigung: Es spielte auf dem Akkordeon. Kurz nach 8 Uhr hörte Margot einen nicht allzu lauten Knall und sah einen Feuerstrahl in den Himmel schießen. Noch ließ nichts an eine Katastrophe denken – im Gegenteil. Da die Engländer an dem Tag den Geburtstag ihres Königs King George feierten, kam der Gedanke an eine lautstarke Feier mit Feuerwerk auf. Dann lief eine Nachbarin aus dem Haus, um per Melder die Feuerwehr zu alarmieren. Danach lief sie auf das Gelände, um zuzuschauen. Dann der zweite, der schwere Schlag. Margots Mutter rannte vom Silo zurück nach Hause, um nur noch eine von Druck und Sog zerrissene Ruine vorzufinden. Das Mädchen selbst fand sich in den Trümmern wieder, verletzt von etlichen Splittern. Bei der Explosion und dem Einsturz des Hauses war Margots Akkordeon in die Länge gezogen worden und hatte sich wie eine Haube um den Kopf der Dreizehnjährigen gewickelt. So wurde sie vor schwereren Verletzungen geschützt.

Das Mädchen konnte sich selbst aus den Trümmern herauswühlen und wurde von Marinesoldaten zu einer Sammelstelle für Verwundete gebracht und dort versorgt.

Am Ende des Tages stand fest, dass 61 Menschen den Tod gefunden hatten, über hundert waren schwer verletzt. In einer Gerichtsverhandlung ein halbes Jahr später wurde die offizielle Zahl von 80 Toten und 30 Verletzten genannt.

Sammeltrupps hatten die Aufgabe, das aufgewühlte Gelände nach Munition abzusuchen, die durch die Wucht der Explosionen durch die Luft geschleudert worden war. Die Funde wurden auf Marineprähme verladen und außerhalb der Außenförde unter englischer Aufsicht in der Ostsee versenkt.

Bleibt die Frage nach der Ursache. Jahrelang hielt sich in Flensburg das Gerücht, Marinesoldaten hätten eine Spur aus Pulver bis zu einem Geschoss gelegt, das Pulver entzündet und wollten diese Lunte dann rechtzeitig austreten. Das gelang ihnen jedoch nicht. Eine glaubhafte Version der Ursache lieferte die Untersuchung eines Militärgerichts, das einen Soldaten wegen fahrlässiger Tötung und Körperverletzung angeklagt hatte. Er war in einem Arbeitskommando zum Aufräumen der Munition eingesetzt und sah in einer offenen Kiste ihm völlig unbekannte Munition. Als er eine der Stabbrandbomben herausnahm, geriet ihm ausgerechnet eine in die Finger, bei der sich der Zünder vom Brandsatz gelöst hatte. Sein Vorgesetzter befahl ihm, dieses Stück Munition zu übergeben und versuchte dann selbst, die Teile wieder zusammenzuschrauben. Dabei soll die Bombe gezündet haben und die Baracke in Brand gesetzt haben – Anfang der Kettenreaktion. Der Soldat wurde von den Vorwürfen freigesprochen.

Die beliebte Schauspielerin Renate Delfs berichtet über persönliche Erlebnisse nach Ende des Zweiten Weltkrieges.

Endlich waren wir frei

Kein Dienst mehr, kein Arbeitsdienst, keine Einsätze für die Partei, alle, die über die Freizeit eines jungen Mädchens bestimmen konnten – Vergangenheit. Jetzt gab es nur noch Selbstbestimmung. Das ist der tiefste Eindruck, den heute noch Renate Delfs (Jahrgang 1925) parat hat, wenn sie sich an die Zeit unmittelbar nach Kriegsende erinnert. Schon ab 1942 hatte sie in den Sommerferien immer bei einem Bauern arbeiten müssen. Nach dem Abitur forderten Reichsarbeitsdienst und die Rüstungsfabrik ihre Zeit bis Kriegsende.

Und was machte man mit der nun neu gewonnenen Freizeit? Rauf aufs Fahrrad und bei schönem Wetter fast jeden Tag quer durch die Stadt hinaus nach Holnis, nach Herzenslust die schöne Landschaft erkunden und am Strand liegen, wie es Spaß machte. „Dieses Gefühl, dass man frei war, dass man Rad fahren durfte, ohne dass Behörden und Partei nach mir greifen konnten – das war toll!"

Die Monate nach Kriegsende brachten auch die schrecklichen Wahrheiten über die Untaten der Nazis ans Licht und ließen nicht nur das Weltbild eines jungen Mädchens zusammenstürzen. Renate Delfs erinnert sich noch gut an ihre bittere Enttäuschung. In ihrer jugendlichen Begeisterung hatte sie ein Bild Hitlers im Herrenzimmer der elterlichen Wohnung in der Apenrader Straße aufgehängt. „Wir waren ja gläubige Kinder gewesen." Die Eltern duldeten es stillschweigend. „Sie wagten ja auch nicht zu sagen: Komm, nimm das weg." Ohnehin waren die Eltern sehr vorsichtig mit ihren Äußerungen. Zu Recht, räumt Renate Delfs ein. Ihr Vater war für sie absolute Autorität, und Kritik am Regime hätte sie sicherlich beim passenden Thema in der Schule weitergegeben mit den Worten: „Mein Vater sagt aber ..." Und das konnten die Eltern nicht riskieren. „Ich wäre auch von allen Gleichaltrigen isoliert gewesen." Als dann der Krieg zu Ende war, wurde Hitler mit dem Gesicht zur Wand gedreht, der Rahmen war noch für ein Bild von van Gogh zu gebrauchen. Dann flog im Juni 1945 die im Freihafen gesammelte Munition in die Luft. Die Fenster der Wohnung wurden voll von der Druckwelle getroffen. „Alles flog ins Zimmer rein, die Scheiben knallten, die Bilder flogen von den Wänden." Auch der van Gogh. Das Bild drehte sich, zersprang und obenauf war wieder Adolf Hitler. „Da habe ich dann draufgetrampelt. Irgendwann musste es doch mal aufhören! Dieses Gefühl, so belogen und betrogen worden zu sein, das war, als ob der Teppich unter den Füßen weggezogen wurde."

Andererseits tat sich eine Tür in die Freiheit auf. Gut erinnert sich Renate Delfs, dass sie als junges Mädchen eine Ausstellung in der Hamburger Kunsthalle mit Bildern des im Dritten Reich verbotenen Emil Nolde sah. „Das hat mich sofort angesprochen. Die Bilder machten einen Eindruck auf mich – ich fiel fast auf den Rücken!“ Dann hörte die künftige Schauspielerin die Dreigroschenoper – „das ging wie warme Milch in mich hinein.“ Und sie las den einst verbotenen Thomas Mann.

Aber auch der Alltag musste gemeistert werden, vor allem die Knappheit bei allen alltäglichen Dingen. Gut erinnert sich Renate Delfs noch daran, dass es keine Schuhe gab. Die Holzschuhfabrik Pölkow in der Apenrader Straße bot Holzschuhe an. Das Oberleder war mit groben Krampen an der hölzernen Sohle befestigt. Der Schuh passte sich nicht im mindesten dem Fuß an, er zwang ihm seine Form auf. Schnell waren die Sohlen abgelaufen und schief. Problematisch war es, sich in den Tretern zügig zu bewegen. So verzichteten flinke Flensburger darauf, sich an den Haltestellen anzustellen, wollten sie die Straßenbahn benutzen – das Gedränge war zu groß, das Warten garantierte keinen Platz im Wagen, „das hatte keinen Zweck“. Lieber sprang man auf, wenn die Bahn ohnehin langsam fahren musste, wie in der Kurve der Apenrader Straße. Dort sprang auch Renate Delfs eines Tages auf. Dumm nur, dass sie dabei einen der Holzschuhe verlor, sie musste wieder abspringen, „den konnte ich ja nicht entbehren.“ Der Platz war weg.

Jahre später sollte mit Freunden gefeiert werden, dass die britischen Besatzer deren Haus am Marienhölzungsweg geräumt und an die Eigentümer zurückgegeben hatten. Das Fest war nicht gerade prunkvoll. Im ganzen Haus gab es gerade eine Glühbirne. Flaschenöffner für den Wein waren nicht aufzutreiben. So wurden die Flaschen so lange mit dem Boden an die Wand geklopft, bis sich der Korken löste. Eine Freundin hatte eine Torte mitgebracht. Leider gab es keinerlei Bestecke – die Freunde bissen einfach vom Kuchen ab.

Den Weg ins Berufsleben fand das junge Mädchen mit der energischen Hilfe ihrer Mutter. Der Familie gehörte das Haus Holm 11, in unmittelbarer Nähe zum Rathaus, neben der Rats-Apotheke und schönen Geschäften: Blumen Grohmann, Feinkost und Schokoladen Detlefsen. Dort betrieb der Großvater einst eine Bäckerei und Vater Delfs eine Lotterieannahmestelle, für die er als schwer Kriegsbeschädigter des Ersten Weltkriegs eine Lizenz erhalten hatte.

Die Witwe des Buchhändlers Fritz Krohn suchte ein Geschäft, in dem sie eine neue Buchhandlung eröffnen konnte und fragte die Mutter von Renate Delfs, ob die Möglichkeit zum Mieten bestünde. Der Vater war inzwischen verstorben, die Mutter in Sorge um die Zukunft ihrer Tochter, die begonnen hatte, Theaterwissenschaft zu studieren. Am Abend nach dem Gespräch über die Vermietung fragte die Mutter ihre Tochter: „Wäre das nicht etwas für dich, wenn du erst einmal eine Buchhandelslehre machst?“ Frau Krohn bekam zu hören: „Ja, den Laden können sie haben, aber meine Tochter müssen Sie als Lehrling mitnehmen.“ Renate Delfs: „Das war prima, auch wenn wir kaum etwas zu verkaufen hatten. Mancher Kunde fragte nach Schreibpapier oder sogar nach Toilettenpapier.“ Aufgebaut wurde eine Leihbücherei. Eine Sensation waren die im Stil einer Zeitung gedruckten rororo-Bücher. Auf den Markt kamen als Erstes „Wem die Stunde schlägt“ von Hemingway und „Straße der Ölsardinen“ von Steinbeck oder Kästner-Bücher. „Sie wurden uns aus den Händen gerissen.“

Renate Delfs absolvierte mit Erfolg ihre Lehre als Buchhändlerin. Ihre Chefin, Frau Krohn, tat sich später mit der Buchhandlung Westphalen zusammen, das Haus Holm 11 wurde für den Neubau des Hertie-Kaufhauses verkauft und abgerissen. Der Neuanfang war gut bewältigt.

Bescherung auf der ZOB-Kreuzung

Es war eine Freundlichkeit in den Tagen vor Weihnachten. Freundlich waren die Autofahrer, deren Weg über die ZOB-Kreuzung führte, und freundlich bedacht wurden die Polizeibeamten, die das ganze Jahr über auf Flensburgs wichtigster Kreuzung Dienst getan und den Verkehr zuverlässig geregelt hatten. In den Tagen vor dem Fest rauschten die Autos heran, stoppten mitten auf dem verkehrsreichsten Punkt der Stadt, eine Tür öffnete sich, Paket oder Kasten wurden herausgereicht, dazu noch „Frohes Fest!“, Tür zu und die Fahrt ging weiter. Im Lauf des Tages türmten sich die Geschenke zu einer kleinen Pyramide auf. Für ihren Schutzmann auf der Kreuzung gaben die Flensburger gerne. Die Führung sah es gar nicht so gern, leitete den Gabensegen in andere Kanäle. Als die moderne Zeit nach Flensburg kam und der Verkehr auf der ZOB-Kreuzung durch eine moderne Ampel geregelt wurde, gab es keine Empfänger für die Geschenke mehr.

Eines war diese kleine Sitte auf gar keinen Fall: Der Versuch, sich mit den Schutzleuten gut zu stellen, eine verkappte Beamtenbestechung. Das hat kein Flensburger Autofahrer im Sinn gehabt. Es war ein freundliches Dankeschön an die Beamten, die Tag für Tag auf der Kreuzung einen sicherlich nicht immer angenehmen Dienst hatten und die dabei ihre Lunge mit Abgasen belasteten.

Karsten Hoth, Flensburger Polizeibeamter, hat jahrelang auf der ZOB-Kreuzung seinen Dienst absolviert. Sein erstes Erlebnis hatte er aber schon als Junge. Mit dem Fahrrad war er auf den Süderhofenden unterwegs und wollte nach links in die Rathausstraße einbiegen. Dabei hatte er die Zeichen des Schutzmannes nicht so beachtet, wie der es sich vorstellte. Karsten Hoth geriet ausgerechnet an Hugo Rossow, der ihm eine Lehre in Sachen „Respekt vor der Polizei“ erteilte. Rossow war groß, kräftig gebaut, dunkelhaarig und hatte eine fürchterliche Stimme: „Wie das Grollen des lieben Herrgotts.“ Per Handbewegung winkte er den

Bengel auf seinem Fahrrad zu sich heran bis an das Podest. Dann beugte er sich hinab und grollte: „Wenn ich so mache", dazu kam die passende Handbewegung, „dann biegst du in die Rathausstraße ab – aber sofort in die Pedale!" Dabei ließ der Schutzmann das R noch richtig schön rollen. Hoth: „Ich habe ehrfurchtsvoll zu ihm hochgeschaut." Die Lektion war verstanden.

Das große Podest mit seinen rot-weiß gestrichenen Seitenflächen, auf dem die Polizisten für eine bessere Erkennbarkeit standen, erinnert Karsten Hoth ein bisschen an die Podeste in der Zirkusmanege, auf denen die dressierten Elefanten ihre Kunststücke zeigen. Ihre „Kunststücke" führten dort die Beamten des ersten Polizeireviers vor, für die die Verkehrsregelung zum Tagesdienst gehörte. Ausgesucht wurden vor allem Beamte mit hoch aufgeschossenem Körperbau, „für die bessere Erkennbarkeit": Lorenz Petersen, Otto Vettern, Alfons Jakusch, Artur Broda.

Ein Vergnügen war der Dienst auf der Kreuzung nicht gerade. Der Verkehr war damals schon extrem dicht. Es gab weder Westumgehung noch die Autobahn, und so wälzte sich der gesamte Durchgangsverkehr von und nach Dänemark über den Straßenzug Süderhofenden–ZOB–Norderhofenden–Schiffbrücke–Werftstraße–Apenrader Straße, wofür er die stolze Bezeichnung „Europastraße 3" erhalten hatte. Für die Schutzleute auf der Kreuzung bedeutete das hohe Konzentration und hohe Belastung, denn Katalysatoren oder Rußpartikel-Filter waren in den 1960er Jahren noch Fremdwörter. Karsten Hoth: Sicher, der Dieselmotor war beim Personenwagen noch nicht sehr verbreitet, dafür beim Lastwagen. Und die großen Lastzüge ließen beim Anfahren riesige, schwarze Abgaswolken hinter sich. „Die Busse waren Stinker, die großen Kohlenlaster von Holm & Molzen, und die Feuerwehr hatte auch Stinker in ihrem Fuhrpark", erzählt Hoth. Entsprechend häufig wurden die Beamten von ihren Kollegen auf dem Podest abgelöst. Außerdem gab es von der Polizeiinspektion täglich einen halben Liter Milch, der die Schadstoffe aus dem Blut waschen sollte.

Geschenke türmen sich am Podest auf. Im Hintergrund der einstige Staatsbahnhof und spätere ZOB.

Um die Polizeibeamten auf dem ZOB herum wurde die neue Zeit gebaut. Spektakulär war der Abriss des mit Türmchen geschmückten ZOB-Gebäudes, das einst als Staatsbahnhof in der Stadtmitte errichtet worden war und nach Einweihung des neuen Bahnhofs an heutiger Stelle eine neue Verwendung fand als Gebäudes des ersten Zentralen Omnibus-Bahnhofes (ZOB) in Deutschland. Aber in den 50er Jahren war endgültig Schluss mit einer Verwendung, die Stadt ließ das Gebäude abreißen.

Wie das Stadtbild modern wurde, sollte es auch die Verkehrslenkung werden. Die Stadt ließ auf der Kreuzung die ersten Ampeln aufstellen. Überflüssig wurden die Polizisten dadurch nicht. Mal funktionierte die Steuerungstechnik für die Lampen nicht wie gewollt, dann wurde die Stadt an bestimmten Tagen von großen Besuchermengen überrollt und die Ampel war eher Verkehrshindernis, oder alle drei Monate mussten die Glühlampen ausgetauscht werden. Dann hieß es immer für die Schutzleute: Auf den

ZOB! Knifflig war es für sie, wenn die Stadt versuchte, Umbauarbeiten ohne Sperrungen erledigen zu lassen. An ein überraschendes Ergebnis von Bauarbeiten in den 60er Jahren erinnert sich Karsten Hoth heute noch: Die Kreuzung bekam eine neue Asphaltdecke. Das Podest war beiseite geräumt worden. Nach einiger Zeit wollte sich der Polizeibeamte bewegen – und klebte am frischen Teer fest. „Ich hatte Mühe, mich zu bewegen, ohne dass es mir die Schuhe vom Fuß zog." Kleine Schritte am Platz halfen gegen das erneute Festkleben.

Waren die Schutzleute auf dem ZOB überflüssig, so wurden sie nach wie vor an einer anderen heiklen Stelle gebraucht: auf der Kreuzung Rathausstraße/Holm/Große Straße. Weil hier immer noch die Straßenbahn rollte, war eine automatische Verkehrsregelung nicht möglich. Noch jahrelang versahen hier die Schutzleute ihren Dienst. Unvergessen an dieser Stelle ist wegen seiner kurzen, knappen Bewegungen Alfons Jakusch, auch „Alfons Zackig" oder „Schutzmann Zackig" genannt.

Dann kam wieder Weihnachten und die Bescherung auf der Kreuzung. Geschenke, erinnert sich Karsten Hoth, gab es auch an der Rathausstraße. Mancher Fahrer stoppte, öffnete die Tür und legte dem Beamten ein Geschenk zwischen die Füße. Deponiert wurden die Päckchen im kleinen, heute noch existierenden Zigarettengeschäft an der Ecke Holm/Große Straße. Abends wurde das Sammelergebnis zum ersten Revier gebracht. „Aber glauben Sie nicht, dass der kleine Schutzmann vollbepackt nach Hause ging", warnt Karsten Hoth vor falschen Vorstellungen. Die Polizeiführung war der Meinung, dass der Schutzmann an sich mit seinem Gehalt gut ausgestattet war. So wurden die Geschenke für einen „guten Zweck" weitergegeben, der Polizist erhielt eine Kleinigkeit. Später wollte die Führung den Brauch ganz abschaffen, bat Firmen und Institutionen, Geschenke gleich für wohltätige Zwecke an die richtigen Empfänger zu geben. So geschah es – und wieder war ein Stück der „guten, alten Zeit" verschwunden.

„Der Hafen: Unser Jagdrevier"

Geht's es um den Hafen und seine Schiffe, kommt Joachim Müller ins Schwärmen. „Das war unser Jagdrevier", erinnert er sich an seine Kindertage. Vielleicht erhielt er die maritime Prägung ja bereits durch den Ort seiner Geburt: Seine Mutter brachte ihn 1937 im Marinelazarett Kiel-Wik zur Welt.

Der Hafen war auch mit einem bösen Ereignis in der Kinderzeit verbunden. Der Vater war als Obersteuermann des deutschen U-Bootes U 600 verwundet worden, hatte aber den Krieg überlebt. Im August 1945 traf die Familie doch noch der Schicksalsschlag. Müllers Vater gehörte zu den Soldaten, die trotz der Kapitulation in Uniform weiter Dienst tun mussten, damit die Besatzer die große Militärmaschinerie geordnet – mit Befehl und Gehorsam – verwalten und abwickeln konnten. Das Hafengelände war auf Befehl der britischen Besatzungsmacht mit einem zwei Meter hohen Stacheldrahtzaun abgesperrt worden. Am 18. August hatte der Soldat Dienstschluss und wollte mit dem Fahrrad um den Hafen herum nach Hause fahren. An der engen Stelle beim alten Kanalschuppen (heute Hafenspitze) fuhr ein Omnibus des Roten Kreuzes mit Anhänger. Der Fahrer hatte diese lange Fuhre nicht präzise unter Kontrolle, der Soldat wurde erfasst und in den Stacheldraht gedrückt. Eine der Zinken riss ihm die Halsschlagader auf. Müllers Vater verblutete am Straßenrand.

Der Busfahrer wurde für seine Unachtsamkeit mit sechs Monaten Gefängnis bestraft. Der Vater von Joachim Müller erhielt in einem der Soldatengräber auf dem Friedhof Friedenshügel seine Ruhestätte – nach den Erinnerungen seines Sohnes war es die letzte Bestattung mit militärischem Zeremoniell nach dem Ende des Krieges.

Um den Jungen kümmerte sich dann intensiv sein Großvater, „Alexandra"-Kapitän Greggersen. Der Dampfer und der Hafen, das war für einen aufgeweckten Jungen eine Spielwelt voller Abenteuer und Erlebnisse. Und da er oft

Abenteuerliches Spielgelände: Die Gestelle, an denen die Fischernetze trockneten, auf der Jürgensbyer Hafenseite.

Dampfer und Brezelkäfer: Die Fördebrücke in den 1950er Jahren.

an Bord war, bekam er per Zufall manches interessante Geschehen mit. So die Ankunft einer Kommission der Besatzungsmacht, die den Bestand an Flensburger Schiffen durchmusterte, welches von ihnen noch so gut erhalten war, dass es als Reparationsleistung beschlagnahmt und mit unbekanntem Ziel abgefahren werden konnte.

Die Kommission bestand aus Engländern, Amerikanern und einem Russen. Einem Amerikaner konnte Müller erklären, dass sein Opa der Kapitän des Dampfers sei. Und dann hatte niemand etwas dagegen, dass er sich einfach dem Inspektionsrundgang über Brücke und Decks und in den Maschinenraum anschloss. Und dabei wurde er Augenzeuge eines legendären Momentes, der Flensburgs schwimmendes Wahrzeichen retten sollte.

Mit Flüchtlingen an Bord hatte die Besatzung das Schiff zum Ende des Krieges nach Eckernförde bringen können

und dann den Heimathafen Flensburg angesteuert. Und nun? Ging das Schiff doch noch verloren? Der Maschinist hatte vorgesorgt und zunächst die Maschine auseinandergenommen. Die schweren Pleuelstangen lagen in Gängen und Maschinenraum herum, verbreiteten schon den Eindruck eines desolaten Zustandes des Schiffes. Und dann kam noch ein Trick dazu. Über die Teile war Roststaub gestreut worden, der ganz und gar die Optik eines ungepflegten, verkommenen Schiffes vermittelte. Und so hörte Müller den Satz: „She is not worth to repair any more." Sie ist eine Reparatur nicht mehr wert. Auf dieses Schiff verzichteten die Alliierten. Das einzige Schiff, das es traf, war das Motorschiff „Mürwik" der Förde-Reederei.
Und als 1946 die Fahrten auf der Förde wieder aufgenommen wurden, waren die „Alexandra" und ihre Crew in vorderster Reihe wieder dabei.

Klar, dass Joachim Müller bis ins Kleinste über die Schiffe Bescheid wusste. So konnte er die Dampfer schon am Klang ihrer Dampfsirene erkennen. „Alexandra", „Habicht" und „Albatros", jede hatte eine eigene, unverkennbare „Stimme". Wenn die „Alex" nach einer Fahrt in den Hafen einlief und ihr Horn ertönen ließ, war für Joachim Müller klar: „Opa kommt!" und nix wie runter an den Hafen. Ein paar interessante Stunden an Bord standen bevor.

Den Hafen kannte der Junge wie seine Westentasche. Wenn Müller heute Kinder mit einem gewissen Leichtsinn am Hafen spielen sieht, hat er immer Verständnis: „Das haben wir doch ganz genauso gemacht." Die ehemalige Bootsvermietung am Westufer in Höhe Kompagnietor war ein herrlicher Tummelplatz, wie auch die Trockengestelle für die Fischernetze an der Jürgensbyer Seite des Hafens. Bei einer Gelegenheit fand er eine der schönen Schwimmerkugeln aus grünem Glas. „Wenn ich die bloß noch hätte", wünscht Müller sich heute.

Aufgefallen ist dem Jungen auch ein kleines Detail am Schiff. Eine Zeitlang, bevor die Bundesrepublik gegründet wurde, führten die deutschen Schiffe keine Flagge am

Heck. Stattdessen führten sie die Flagge C. Sie stand für „Kapitulation“. Wegen der Materialknappheit gab es sie nicht aus Stoff, sondern aus Blech. Und wenn das Schiff an der Pier lag, gab die Flagge immer ein schönes Bild ab.

Die maritime Vorbelastung Joachim Müllers sollte weiterwirken – ein Leben lang. Als Soldat ging er zur Marine von 1957 bis 1960. Insgesamt 13 Jahre lang arbeitete er als Beamter des gehobenen Dienstes beim 3. Schnellbootgeschwader in Flensburg, danach dann 17 Jahre in der Abteilung „Verwaltung“ des Flottenkommandos. Dem Dampfer „Alexandra“ ist Joachim Müller bis heute treu geblieben: Er unterstützt nach wie vor den Förderverein, der sich die Erhaltung des Schiffes zum Ziel gesetzt hat.

Und 'ne Buddel voll Rum

Eine der schönsten Geschichten über die Fördedampfer und die Menschen, die auf ihnen fuhren, hat Joachim Müller aus nächster Nähe erlebt. Eine Tradition, die mit dem Aufkommen moderner Technik ausstarb und die nie ausführlich überliefert wurde: der Gruß ans Feuerschiff und seine Besatzung.

In Höhe Kalkgrund in der Geltinger Bucht sicherte seit 1910 ein Feuerschiff den Übergang von der Außenförde in die offene Ostsee, zeigte den ankommenden Schiffen den Weg nach Flensburg. Die Position des Feuerschiffes war in seinem Namen „Kalkgrund" wiedergegeben. 1925 wurde es in „Flensburg" umbenannt – Funkfeuer-Kennung „FB". Erbaut hatte es 1910 die Flensburger Werft.

Vielleicht war der kleine, auf dem Dampfer „Alexandra" gepflegte Brauch, die kuriose Art der Übergabe einer Flasche Rum, das Ergebnis der Dankbarkeit, die die Seeleute beim Anblick des Feuerschiff-Lichtsignals empfanden. Vielleicht war es aber auch nur ein kleines Spektakel, an dem Dampfer-Passagiere auf stundenlangen Ausflugsfahrten ihre Abwechslung und Freude hatten.

Beim Durchstöbern der „Alexandra" bis in den letzten Winkel hatte Joachim Müller als Junge bald einen aufregenden Fund gemacht: Am Heck waren zwei große Modellschiffe verstaut, von denen eines offensichtlich die „Alexandra" zum Vorbild hatte, das zweite das Feuerschiff. Besonders schön waren diese Modelle nicht, nicht zu vergleichen mit den Schönheiten, die mit heutigen Modellbaukästen zu schaffen sind. Aber diese Schiffchen hatten auch viel auszuhalten und einiges zu tragen.

Joachim Müller nennt sie aus seiner Erinnerung heraus „recht grob". Lag die „Alexandra" im Flensburger Hafen, wollte der Junge mit diesen Modellen selbst Kapitän spielen. Sein Opa, Kapitän der „Alexandra", erlaubte es. Die Schiffchen wurden mit einem Tau gesichert und zu Wasser gelassen. Durfte Müller an Bord bleiben, wenn die „Alex-

Feuerschiff „Flensburg“ im Heimathafen.

andra“ in See stach, erlebte er auf den Touren zum Feuerschiff, wozu die Modelle gebraucht wurden. Während der Fahrt kam ein Mitglied der Besatzung herum oder die Inhaberin der Restauration, Anna Thiele, und sammelte unter den Fahrgästen für den Gruß an das Feuerschiff. War das Geld zusammen, wurde es in der Restauration gegen eine Flasche Rum eingetauscht. Und nun war die Zeit für das Modellschiff gekommen. Unter seinem Rumpf hatte es eine Halterung, in der die Flasche befestigt werden konnte. War sie richtig fest, kam der Augenblick des Schiffchens: Unter großem Hallo der Passagiere wurde es außenbords ins Fördewasser gesetzt.

Das war der Moment, auf den die Besatzung des Feuerschiffes schon gewartet hatte. Von ihr war ein Motorboot ausgesetzt worden und tuckerte heran, der Matrose hob das Mini-Schiff aus dem Wasser. Mit ausgestreckten Armen wurde es noch einmal den Passagieren an Bord des Dampfers gezeigt, die begeistert jubelten und applaudierten. Dann fand der kleine Rumfrachter einen Platz im Beiboot und dies machte sich wieder auf dem Weg zum Feuerschiff. Abends hatte die Besatzung dann die richtige Zutat für einen zünftigen Grog.

Fertig zur Fahrt. Unter dem Rumpf des Modells hängt die Buddel Rum.

Joachim Müller war fasziniert von der Übergabe. Eines hatte er allerdings nie mitbekommen. Wie kamen eigentlich die Modelle, nachdem die Buddel Rum abgenommen war, wieder zurück an Bord der „Alexandra"? Irgendwann, wenn für die nächste Übergabe das zweite Modell hervorgeholt wurde, musste die Rückgabe des ersten Minischiffs passieren, aber wie, hat der Junge nie beobachtet. Wie ihm auch nicht klar ist, wann eigentlich diese nette Geste erfunden wurde. Noch vor dem Zweiten Weltkrieg?

Ganz klar nachzuweisen ist jedoch das Ende dieses netten Brauchs: Am 11. Juni 1963, 15.20 Uhr, übernahm der neue Leuchtturm „Kalkgrund" die Aufgaben des Feuerschiffes. Es wurde eingeholt und im Flensburger Hafen als Wohnschiff genutzt. Eine weitere Zukunft hatte es in Kiel. Dort diente es einem Segelclub als dümpelndes Clubheim. Selbstverständlich war der Leuchtturm „Kalkgrund" mit einer modernen, automatischen Anlage ausgestattet. Dort tut niemand mehr Dienst, dem man mit einer Buddel Rum eine Freude machen könnte.

Das erste Haus am Platz

Es war das erste Haus am Platz: das „Hotel Europa". Ein prächtiges, repräsentatives Gebäude in der Mitte der Stadt, an der verkehrsreichen ZOB-Kreuzung, das mit seinen Nachbarhäusern, der Alten Post und dem Polizeigebäude, früher Hotel „Flensburger Hof", das Bild einer großen Stadt vermittelte – größer, als sie tatsächlich war. Etlichen Flensburgern ist das „Hotel Europa" unvergessen, mit seinem großen Spiegelsaal, der durch Kerzenbeleuchtung ein zauberhaftes Flair erhielt, und mit seiner unvergessenen Chefin Ingeborg Prien.

Eine bessere Lage für ein Hotel war im Flensburg des 19. Jahrhunderts kaum möglich. Auf dem heutigen ZOB-Gelände, einst verlandeter und zugeschütteter Hafen, endete die neue Eisenbahnlinie Tönning–Flensburg im „Englischen Bahnhof". 1854 begann die neue Zeit. Die Eisenbahn wurde eingeweiht.

Die Bahn diente vor allem dem Gütertransport. Die wenigen Reisenden, die mit den Zügen kamen, dürften sich von Flensburg nicht gerade mit offenen Armen empfangen gefühlt haben. Ein Bahnhofsvorplatz, eine repräsentative Bahnhofsstraße, die neugierig machte auf die Stadt, in die sie hineinführte? Fehlanzeige. Über den Mühlenstrom führte ein kleiner Weg entlang des Baches Rutebeek in die Innenstadt. Flensburg wendete den ankommenden Reisenden eher seine Kehrseite zu.

Das sollte sich ändern. 1856, der kleine Bach war in ein Rohr gezwängt, begann der Bau der Rathausstraße. In die Front der Häuserreihe längs des Holms und der Großen Straße war eine Lücke gebrochen worden, die der neuen Rathausstraße den Weg ebnete. Als Verbindung zwischen der Innenstadt und dem Bahnhof hatte sie nun die klassische Funktion einer Bahnhofstraße – und zahlreiche Investoren verstanden sie auch so, die prächtigen Fassaden zeigen es bis heute. Straßenbau und Abbrüche hatten Platz für Neues geschaffen. 1881 zeigte die Post Flagge: Schräg gegenüber dem Bahnhof eröffnete sie ihr großstädtisch wirkendes Postamt. Und dann war es mit dem provinziellen Charakter an dieser Stelle vorbei: Die Preußische Staatsbahn hatte erkannt, dass der alte „englische Bahnhof“ zu klein geworden war und stellte einen Bahnhof in die Stadt, der sich sehen lassen konnte, den Staatsbahnhof, der mit seinen vielen kleinen Ziertürmchen stark an den neuen Turm der Nikolaikirche erinnerte. Kein Wunder, die Entwürfe stammten vom selben Architekten. Hotelier Christian Schrader war der Zeit schon einen Schritt voraus. Er hatte das alte Hotel abgerissen und einen stattlichen Neubau errichtet: eben das Bahnhofshotel, das künftige „Hotel Europa“. Jetzt konnte sich die ganze Ecke sehen lassen. Der prächtigen Rathausstraße wurde noch mit dem Bau des Museums auf dem Hügel die Krone aufgesetzt.

Am 18. Februar 1924 kauften Conrad und Emmy Prien das Bahnhofshotel von seinem dänischen Besitzer. „Es war heruntergekommen“, erinnerte sich Ingeborg Prien an den Zustand der Neuerwerbung.

Dann der große Schock für die Hoteliersfamilie: Die Deutsche Reichsbahn machte ihre Pläne wahr und verlegte den Bahnhof hin zum Großen Mühlenteich. Die Zeit, in der die Züge die Kundschaft direkt vor die Tür brachten, ging zu Ende. Und auch das noch: Die Weltwirtschaftskrise entwertete die Reichsmark immer stärker, die dänische Krone, in der der Kaufpreis gezahlt werden musste, stieg immer höher im Wert.

Ein Gast, der noch prominent werden sollte, quartierte sich 1932 im Bahnhofshotel ein: Adolf Hitler. Bis in die Details konnte Ingeborg Prien die Einzelheiten des Besuchs berichten. Zur Sicherheit des „Führers“ war ein Bereich vor dem Hotel abgesperrt worden. An den Absperrungen drängten sich die Menschenmassen. Als Ingeborg Prien aus der Schule nach Hause kam, musste sie den gesperrten Bereich allein passieren. „Es war ein Spießrutenlaufen!“, schilderte sie. Hitler war im Zimmer 24 einquartiert. Den

Das Bahnhofshotel an der Ecke Süderhofenden/Rathausstraße in seinen besten Zeiten. 1961 wurde es in „Hotel Europa" umbenannt.

Abend verbrachte er allein. Er ließ sich eine Gemüseplatte servieren und trank Mineralwasser. Unten im Hotel veranstalteten die Parteigenossen ein wüstes Zechgelage. Ihrer Mutter sei erklärt worden, Die Kosten dafür seien egal. Das habe ihre Mutter zu der leisen Bemerkung veranlasst: „Wenn die so mit dem Geld umgehen, kann es mit dieser Partei nichts werden."

Nach der Machtergreifung verbot die NS-Regierung den Transfer von deutschen Devisen ins Ausland. Das traf auch die Familie Prien. Damit wurde es immer problematischer, den Kaufpreis für das Hotel zu bezahlen. 1937 hatte sie es geschafft: Das Bahnhofshotel gehörte endlich ihr.

Eigentlich wollte Ingeborg Prien der beruflichen Laufbahn ihrer Eltern nicht folgen. Sie begann in Berlin ein Studium der Theaterwissenschaften. Als 1944 ihr Vater starb, fiel es ihr schwer, alle Freundschaften und Kontakte in der Hauptstadt aufzugeben und wieder nach Flensburg zu gehen. Aber sie tat es, um ihrer Mutter zu helfen. Und damit war für Ingeborg Prien die Zukunft festgelegt. Gerade ein

Hotel-Chefin Ingeborg Prien. Sie führte das Haus von 1957 bis zur Schließung 1992.

Jahr lang konnten Mutter und Tochter das Haus führen, dann quartierte sich mit den britischen Besatzern ungebetener Besuch ein. Als der wieder abzog und das Haus freigab, waren ein Großteil des Inventars zu ersetzen und eine umfassende Renovierung notwendig. Am 1. Dezember 1949 öffnete das Bahnhofshotel neu. Nach dem Tod ihrer Mutter 1957 lag die ganze Last der Verantwortung auf den Schultern von Ingeborg Prien. Zunächst wollte sie die modernen Zeiten aufgreifen. 1961 benannte sie das Haus in „Hotel Europa" um. Der Schriftzug Bahnhofshotel an der Fassade blieb allerdings immer unangetastet, wenn es auch längst keinen Bezug mehr zur Bahn gab – über die Straße Süderhofenden vor dem Haus, nun die Europastraße 3, quälten sich Massen von Autos.

Trotzdem: Das Haus war immer noch eine gute Adresse, die Gäste fühlten sich gut umsorgt. Das Gästebuch legt darüber ein beredtes Zeugnis ab. Gustav Heinemann, Willy Brandt und Walter Scheel residierten in den 1970er Jahren im „Hotel Europa", Helmut Kohl und Hans-Dietrich Genscher übernachteten im Haus. Sie verewigten sich nur mit ihrem Namenszug in dem Buch. Andere waren kreativer. Loriot hinterließ eine seiner typischen Zeichnungen und Karl Dall warb für seine Truppe „Insterburg & Co", mit der er auf Tournee war: „1a Humor, täglich frische Gedichte und Musik vom Meter". Lou van Burg pries seine Lieblingsspeise an, die er im Hotel genießen konnte. „Jede Sekunde sieben Matjes, ach wäre das nur möglich." Auch andere Show-Größen wählten das erste Haus am Platz für eine Übernachtung. Mit Vergnügen erinnerten sich Ingeborg Prien und ihr Lebensgefährte Artur Malus an Lionel Hampton. Mit seinem Orchester spielte er im legendären Hotel-Saal bis zum Morgengrauen, einfach, weil es ihm Spaß machte. Rudi Carrell riss bis spät in die Nacht Witze. Und auch ein Autogramm von Udo Jürgens zeigt das Gästebuch.

So viel Spaß Ingeborg Prien auch diese Begegnungen machten, irgendwann ging es nicht mehr. Die hohen Investitionen für eine notwendige Modernisierung des Hotels gab der Betrieb nicht mehr her. 1992 entschloss sich die Chefin zu dem bitteren Schritt: Sie schloss das „Hotel Europa" am 31. Januar. Dann kam eine üble Zeit für den Bau. Zweimal wechselte er den Besitzer. Möglicherweise setzten sie auf Verfall, Abriss und Nutzung eines dann freien Grundstücks in bester Innenstadtlage. Doch da machte der Denkmalschutz einen Strich durch die Rechnung. Nur der Verfall funktionierte. Die Stadt versuchte den Besitzer zur Modernisierung zu zwingen und erlegte ihm Geldbußen auf, er widersetzte sich mit allen Mitteln. Bürger entrümpelten in einer symbolischen Aktion den Bau und fuhren zentnerweise Dreck ab. Eine gemeinsame Kraftanstrengung rettete das „Hotel Europa". Es sollte zum neuen Standort für die Tourist-Information, eine Info-Zentrale der Busbetriebe, eine Taxizentrale und ein Kundenbüro der Stadtwerke werden. Damit war ein Konzept gefunden, das alte Haus wurde frisch gemacht. Wenige Tage vor der Einweihung schaute Ingeborg Prien noch einmal herein und freute sich über die sorgsame Restaurierung der unter alter Farbe gefundenen Deckenmalereien. Mit der Sanierung verschwanden nun doch die Schriftzüge „Bahnhofshotel" und „Hotel Europa". Heute steht „Europa Haus" an der Fassade.

Rathaus gegen Kaufhaus

Goslar, Rothenburg ob der Tauber, Bremen, Lübeck, Wernigerode haben es, aber nicht Flensburg – ein historisches Rathaus als Symbol einer selbstbewussten Bürgerschaft. Wäre die Entwicklung wie in anderen Städten verlaufen, stünde in Flensburg heute ein markantes historisches Rathaus an der Süd- oder Ostseite des Südermarktes und gäbe dem Platz eine Prägung, nach der die Stadt heute noch sucht.

Flensburgs Rathäuser waren durch die Jahrhunderte hindurch Kompromisslösungen. Die Kirchengemeinden St. Nikolai und St. Marien sorgten eifersüchtig dafür, dass jede von ihnen bei einer Entscheidung der Stadtväter gleichermaßen berücksichtigt wurde. So musste das erste Flensburger Rathaus 1443 auf der Grenze der beiden Gemeinden platziert werden: auf der heutigen Rathausstraße. Gäbe es das Haus noch, stünde es zwischen Mc Donalds und dem Gebäude der Nord-Ostsee-Sparkasse. Es war bald zu klein.

Und der neue Sitz der Stadtverwaltung?

Die Stadtväter brauchten nicht weit zu blicken. Nur wenige Meter weiter nach Süden, am Holm, fand sich die Lösung: Dort standen alte dänische Regierungsgebäude, Gericht und das Ständehaus – ursprünglich ein großer Kaufmannshof. Die dänische Regierung hatte ihn 1850 für 90 000 Goldmark von Kaufmann Frieder Mommsen gekauft, die Stände des dänischen Herzogtums Schleswig fassten dort ihre Beschlüsse. Direkt am Holm standen die Häuser, in denen das Ministerium für das Herzogtum Schleswig regiert hatte. Baumeister Laurids Albert Winstrup verpasste einem Gebäude (Holm 7) noch einen prachtvollen Giebel.

Die Chronik berichtet, dass die Stadtväter nicht unbedingt mit ihrer Erwerbung zufrieden waren, als sie 1883 einzogen.

Das Rathaus am Holm. Das kleine Dreieck über dem Tor markierte den Zugang. Heute steht auf den Grundstücken das Kaufhaus Karstadt.

Sie murrten durch die Jahrzehnte, und je größer die Stadt wurde, desto mehr wuchs die Verwaltung – aber nicht das Rathaus. Etliche Dienststellen wurden schrotschussartig in der Stadt verteilt. Baupläne für ein neues Rathaus kamen in den 1920er und 1930er Jahren auf. Ein Entwurf sah ein prachtvolles Rathaus mit starken Anleihen an Hamburg vor. Bauplatz an der Hafenspitze. Pech für Flensburg: Der Zweite Weltkrieg machte die Pläne zunichte.

Nach dem Krieg fegte das Wirtschaftswunder durch die Stadt. Sie sollte modern werden, koste es, was es wolle. Und es kostete sie einige markante Züge in ihrem historischen Gesicht, das wie durch ein Wunder nicht von Bomben verwüstet worden war. Der neuen Zeit wurde der alte Staatsbahnhof geopfert, der mit seinen Türmchen ein gelungener Abschluss der prachtvollen Rathausstraße war und einen gelungenen Kontrapunkt zum Städtischen Museum an ihrem anderen Ende setzte.

Wieder wuchsen die Stadt und ihre Verwaltung – aber nicht ihr Haus. Das war die Zeit, sich von dem alten Kasten zu trennen. Der Anstoß dazu kam allerdings von außen. Hertie entdeckte Flensburg als Entwicklungsland. Durch Beauftragte vor Ort ließ der Konzern sondieren, ob Chancen für einen Grunderwerb in bester Lage bestanden. Das Interesse der Stadt an einem Rathaus-Neubau traf sich mit den Kaufabsichten des Konzerns. In der Ratsversammlung kam in Gang, was von vielen Flensburgern heute noch mit verächtlichem Unterton kommentiert wird: der Verkauf des Rathauses für ein Kaufhaus.

Den unabwendbaren Verlust an historischer Bausubstanz vor Augen, begann bei einigen Flensburgern dann doch noch ihr Herz für das alte Rathaus zu schlagen. Die damalige Museumsdirektorin Dr. Ellen Redlefsen veranlasste, dass einige besonders schöne Stuckdecken aus verschiedenen Sitzungssälen in einer mühseligen Aktion geborgen und im Städtischen Museum eingebaut wurden. Stadtbaurat Baumgarten selbst hatte die Idee, den schö-

Gesichert, aber nicht aufbewahrt. Schmuck der Rathausfassade wurde in einer Scheune gelagert – und später entsorgt.

nen Winstrup-Giebel Stück für Stück abbauen und für eine spätere Wiederverwendung einlagern zu lassen.
Die Ratsversammlung tagte am 14. Mai 1964 zum letzten Mal im alten Haus, und Stadtpräsident Dr. Leon Jensen sagte: „Wir haben uns sehr wohl gefühlt.“

Und das neue Rathaus? Auf der Suche nach einem Grundstück machten die Stadtväter vielleicht einen der größten Fehler in der Flensburger Geschichte. Sie nahmen das Ratshaus heraus aus der Stadt. Eine wenig attraktive Senke am Südrand der Innenstadt wurde der Holzhandlung, die sich dort niedergelassen hatte, abgekauft. Jetzt zählten nicht mehr der Proporz zwischen den beiden wichtigen Kirchengemeinden und Repräsentativität galt für die

Stadt ja seit knapp hundert Jahren nicht mehr. Jetzt hätte die Stadt ein Zeichen setzen können, doch jetzt galt Pragmatismus.
Ein Architektenwettbewerb zeigte den Ratsherren, wie das neue Rathaus aussehen konnte. Ein Hochhaus, 13 Stockwerke groß und damit höher als der benachbarte Turm der Nikolaikirche, bot genug Platz für die Verwaltung und war ein Symbol der modernen Zeiten. Der Bau begann am 22. November 1961. Einweihung feierten die Flensburger am 10. April 1965 mit einem Bürgerfest.

Das neue Haus zeigte immer wieder Schwächen. In den 1980er Jahren stellten Experten fest: Das Rathaus ist eine Energieschleuder. Untersuchungen förderten zudem zu Tage, dass Umwelteinflüsse am Stahlskelett des Hochbaues nagten, so an der Aufhängung der ebenso schweren wie wenig dekorativen Stahlbetonplatten. 30 Jahre nach seiner Einweihung rückte die Totalsanierung des Rathauses in den Blick. Und da war sie wieder: die Unzufriedenheit der Flensburger Stadtväter mit ihren Entscheidungen der Vergangenheit. Während der Vorbereitung der Sanierung begannen sie darüber zu diskutieren, ob der ungeliebte Turm bis auf die Höhe der Flügelbauten – vier Stockwerke – abgerissen werden sollte und durch Neubauten auf dem Grundstück der Platz für die Verwaltung zu schaffen sei. Der Blick in die leere Stadtkasse ließ den Gedanken sterben. Für den Haupteingang vom Neumarkt wurde ein repräsentativer Rahmen geplant. Eine Idee kam auf, die das Rathaus am Rande der City ganz neu in das städtische Leben einbezogen hätte, die Einrichtung eines Restaurants in der obersten Etage. Die Idee wurde ebenfalls aufgegeben. Und es fehlte an Platz. So zog die Bauverwaltung aus und schaffte sich ein „Technisches Rathaus“ in einem benachbarten, geräumten Schulgebäude. Die Sanierung des Turms begann mit dem Auszug der Verwaltung 1995. In den Bauschutt wanderten alle Waschbetonplatten, einst ein Symbol der Modernität. Das Rathaus erhielt eine Außenhaut aus lachsfarbenen Ziegelplatten und dunklen Fensterflächen, eine Gestaltung, mit der sich die Bürger schnell anfreundeten.

Während der Sanierungsarbeiten kam die Erinnerung auf an den geretteten Giebel des alten Rathauses am Holm. Die Nachforschungen zeigten, dass die Flensburger gründlich mit ihrer Geschichte aufgeräumt hatten. Der Landwirt aus der Flensburger Umgebung, in dessen Scheune die Teile eingelagert waren, fragte eines Tages bei der Stadt an, ob sie das Material noch nutzen würde. Ihm fehle es an Platz, und er würde die Scheune gerne verwenden. Einige Mitarbeiter der Stadt kamen, besahen sich die Reste und erklärten: keine Verwendung. Der letzte Rest des Rathauses am Holm wanderte in eine Schuttkuhle in Angeln. Die Mitarbeiter der Verwaltung zogen im November 1997 aus ihrem Ausweichquartier am Kraftfahrt-Bundesamt zurück in den Turm.

War der Verkauf des Rathauses am Holm ein Fehler? Ist der verächtliche Unterton berechtigt, mit dem bis heute der Verkauf des Rathauses für ein Kaufhaus angesprochen wird? Ohne Zweifel bringt ein Kaufhaus (heute Karstadt) in die Innenstadt mehr Leben und Bewegung als ein Verwaltungsgebäude, gerade nach Dienstschluss der Behörde und an Sonnabenden.

Mit der Entscheidung für das heutige Grundstück haben die Stadtväter in den 60er Jahren allerdings auch „die Stadt“, ihre Verwaltung und ihre Selbstverwaltung, die Ratsversammlung aus der Mitte Flensburgs zurückgezogen, und damit aus dem Bewusstsein vieler Bürger.

Berühmt wie Columbus

Wären Christopher Columbus oder Neil Armstrong, der erste Mann auf dem Mond, Flensburger gewesen, hätten die Flensburger sie sicherlich gebührend gefeiert und ihnen ein Denkmal gesetzt. Ein Flensburger ist zur weltberühmten Persönlichkeit geworden, aber kaum jemand in der Stadt erinnert sich an ihn: Dr. Hugo Eckener. Als Weggefährte Graf Zeppelins und Luftschiffkapitän wurde er von der Welt gefeiert. In Flensburg erinnern an ihn nur die Namen einer wenig attraktiven Straße, einer Sportanlage und allenfalls ein paar Bücher. In keinem Museum der Stadt werden Eckeners Pioniertaten nachgezeichnet. Hugo Eckener ist am Ort der Zeppelin Luftschiffwerke, in Friedrichshafen am Bodensee, eher präsent ist als in seiner Heimatstadt Flensburg.

Für den 42 Jahre alten Hugo Eckener war der Flug mit dem Luftschiff „Hansa" im August 1912 ein Wiedersehen mit seiner Heimat. Im Anflug auf Flensburg erstreckte sich unter ihm die Region, die ihm ans Herz gewachsen war und die Grundlage für seine Pioniertaten gelegt hatte: die Förde. Manche Stunde, die er vielleicht für die Schule hätte opfern sollen, verbrachte er an Bord seines Segelbootes und lernte, Wind und Wolken zu beherrschen. Außerdem arbeitete er sich in das Navigieren ein. Das Abiturzeugnis des 20-Jährigen war denn auch eher mittelmäßig: „befriedigend". Eine Zwei zeigte das Zeugnis nur in Geographie, Turnen und Singen. Aber das stand seiner Karriere nicht im Wege. In verschiedenen Städten studierte Eckener Philosophie, Psychologie, Geschichte und Volkswirtschaft. Seine Studienzeit beendete er 1892 als Doktor der Philosophie. Dann war es an der Zeit, Geld zu verdienen. Eckener versuchte es bei den „Flensburger Nachrichten", dem Vorläufer des Flensburger Tageblattes. Mit spitzer Feder berichtete er über Kunstausstellungen, Konzerte und Theateraufführungen. Im Zeitungshaus an der Nikolaistraße knüpfte er

Kontakt zur Verlegerfamilie Maaß und lernte die Tochter, seine künftige Frau Johanna, kennen.

Im Jahr 1900 berichtete Eckener als Korrespondent der „Frankfurter Zeitung" über die Premierenfahrt eines Zeppelins über dem Bodensee – und fing in seinem Bericht an zu kritisieren: die Stabilität des Flugkörpers, die Antriebsleistung und das Lenksystem. Das las Graf Zeppelin und war angetan: Er nahm den persönlichen Kontakt mit Dr. Eckener auf, besuchte ihn in seinem Haus am Bodensee. In langen Gesprächen begeisterte der Graf den Flensburger für seine Sache und holte ihn in sein Team nach Friedrichshafen. Eckeners Aufgabe dort ist mit Öffentlichkeitsarbeit am besten beschrieben. Er beteiligte sich an der Gründung der Deutschen Luftschifffahrts-Gesellschaft (DELAG), die ihn mit der Ausbildung von Luftschiffern und mit der Führung der „fliegenden Zigarren" beauftragte

Es war die große Kunst des Flensburgers, Überzeugungsarbeit zu leisten. So überzeugte er nach dem Ersten Weltkrieg die USA, sich Reparationsleistungen nicht in Geld auszahlen zu lassen, stattdessen ein Luftschiff zu bestellen, das das Deutsche Reich in Friedrichshafen zu bezahlen hatte. Unter Eckeners persönlicher Führung flog das Luftschiff im Oktober 1924 in die Vereinigten Staaten: in gerade zwei Tagen, mit einem Tempo von 115 km/h. In den USA wurde er mit Empfängen gefeiert, wie sie nur die prominentesten Menschen der Welt erlebten. Der US-Präsident nannte Dr. Hugo Eckener einen „modernen Columbus". Zum erstenmal nach dem Krieg wurde wieder die deutsche Nationalhymne gespielt. Nach seiner Rückkehr wollte seine Heimatstadt nicht zurückstehen und verlieh ihm die Ehrenbürgerurkunde. Fahrten um die ganze Welt vergrößerten seinen Ruhm. Als 1931 die führende italienische Zeitung „Corriere della Sera" ihre Leser den berühmtesten Zeitgenossen wählen ließ, vergaben diese den Titel an Hugo Eckener. Bei seinen öffentlichen Auftritten warb er für Völkerverständigung und begab sich immer weiter auf politisches Terrain.

Mit Fernglas und Zirkel: Luftschiffkapitän Dr. Hugo Eckener.

Ein so offener Geist vertrug sich nicht mit dem Kadavergehorsam der Nazis. Eckeners begrenzter Opportunismus – er war zum Wehrwirtschaftsführer ernannt worden – ging nicht so weit, dass er sich jeder Kritik enthielt: Eine Verhaftung soll Reichspräsident Hindenburg abgewendet haben. Folge: Der Name Eckener durfte in der Presse nicht mehr genannt werden. Dann kam das Ende des Lebenswerkes. In Lakehurst/USA verbrannte bei der Landung am 6. Mai 1937 das Luftschiff „Hindenburg“. Hermann Göring befahl das Abwracken aller noch vorhandenen Zeppeline. Eckener erlebte die Kriegsjahre als Privatmann am Bodensee. Scharfe Proteste rief im Ausland hervor, dass Eckener bei der Entnazifizierung zum Nutznießer des NS-Systems abgestempelt wurde. Folge waren die Aberkennung der Bürgerrechte und eine hohe Geldstrafe. Die laute Kritik brachte die Behörden dazu, den Beschluss zurückzunehmen und das Verfahren einzustellen.

Für seine Verdienste wurde der Flensburger an seinem 84. Geburtstag mit dem Bundesverdienstkreuz ausgezeichnet. Er starb am 14. August 1954, vier Tage nach seinem 86. Geburtstag.

Flensburg allerdings tat sich schwer mit seinem berühmten Sohn. Es scheiterten die Versuche eines Fördervereins Flensburger Bürger, das „Eckenerhaus“ in der Norderstraße zu übernehmen, dort eine Gaststätte einzurichten und mit Ausstellungsstücken dem Ehrenbürger zu gedenken. Bis heute befand kein Museum der Stadt das Leben des Pioniers für so interessant, dass es seine Taten beschrieb und an ihn erinnert. Ein Kreis Flensburger Bürger organisierte im Herbst 2004 die Eckener-Tage, zum Jubiläum des Amerika-Fluges im Oktober 1924, der Verleihung der Ehrenbürgerwürde und in Erinnerung an den 50. Todestag. Zu diesem Anlass kam der Enkel Eckeners, Uwe Eckener, nach Flensburg und stellte fest, dass der Umgang mit der Erinnerung an seinen Großvater in Flensburg reichlich dürftig sei. Bleibe es so, wolle er die Erinnerungsstücke, die die Familie der Stadt überlassen habe, zurückfordern. Die Gewerblichen Beruflichen Schulen der Stadt starteten 2006 den Vorstoß, sich in Eckener-Schule umbenennen zu dürfen. In Erinnerung an die Pioniertaten Eckeners sollte die Pioniertat der Schule, ein landesweit neues Konzept der Ausbildung, durch die Namensgebung „Eckener-Schule“ im Oktober 2006 gekrönt werden. Der künstlerische Fachbereich Gestaltung passt zur Familie Eckener mit ihrem berühmten Sohn Alex, Maler von großer regionaler Bedeutung und Bruder Hugos.

Abenteuer am Lautrupbach

Die 50er Jahre sind die Nahtstelle zwischen Geschichte und Zukunft einer Stadt – auch für Flensburg. Das Wirtschaftswunder brachte den Wiederaufbau. Nicht für Flensburg, denn die Strategen der Alliierten hatten in der Stadt und ihren Anlagen glücklicherweise keinen militärischen Wert gesehen, der ein Bombardement hätte lohnen können. Flensburgs Gesicht wurde anders vom Krieg geprägt. Zigtausenden von Flüchtlingen, die eine neue Heimat suchten, war wieder ein Dach über dem Kopf zu geben. Ganze Stadtviertel entstanden neu. Wie sich seine heimatliche Umgebung bei diesem Übergang zwischen gestern und heute verwandelte, beobachtete der Flensburger Gerd Lassen, aufgewachsen am Adelbyer Kirchenweg und heute Ingenieur bei den Flensburger Stadtwerken. Neue Häuser, neue Straßen waren die Zutaten eines Wandels, der vielfach die Spuren der alten Stadtgeschichte auslöschte.

Das Grundstück seines Elternhauses, Adelbyer Kirchenweg 77, grenzt unmittelbar an den „Garten Eden“, eine alte Gartenkolonie, die vom Lautrupbachtal begrenzt wurde.

Aus dem von Hügeln umstandenen Flensburg hatten Ingenieure dieses Bachtal als Weg gewählt, wenn es galt, eine Trasse für den Verkehr zu finden. Das war so für die Eisenbahn nach Kiel, für die Kleinbahnen von Flensburg nach Kappeln und Satrup sowie später für die Nordstraße. Der Bach hatte einen Weg gebahnt, dessen Steigung die Züge noch bewältigen konnten. Die Kleinbahn fand einen Weg in die Erinnerungen Gerd Lassens, der beschreiben kann, wie er beim Blick aus dem heimischen Küchenfenster hin zum Sportplatz der Fruerlundschule den rotweißen Triebwagen der Bahn auf der anderen Seite des Tals zwischen den Büschen fahren sah.

Modern angelegt war der Adelbyer Kirchenweg bereits auf dem Abschnitt zwischen der Bismarckstraße und der Glücksburger Straße: Die Fahrbahn war asphaltiert. Der Rest mutete eher historisch an. Hohe Ulmen säumten die

Mit dem Fällen der Ulmen verlor der Kirchenweg seinen Charakter als Allee.

Straße, zwischen ihnen standen die städtischen Gaslaternen. Hinter der Kreuzung wurde die Straße eher ländlich-rustikal. Nach 20 Metern Strecke war die Asphaltdecke zu Ende und weiter zur Adelbyer Kirche ging es auf einem Schotterweg mit reichlich Schlaglöchern. Längs des Kirchenweges, bis zur Abzweigung „Stiller Winkel", standen, ein Unikum in Flensburg, zweistöckige Baracken, in denen Flüchtlings eine Unterkunft gefunden hatten. Mit deren Kindern und den Kumpels aus der Umgebung ging man zum Kindergarten, dann zu Schule und durchstreifte nachmittags die Umgebung.

Mit der Brottasche ausgestattet, zog Gerd Lassen morgens zum Kindergarten. Ziel war der kirchliche Kindergarten „Daheim" an der Einmündung der Beseler Straße in die Jürgensgaarder Straße. Der Weg dorthin führte durch die Mommsenstraße, seinerzeit noch ohne jegliche Fahrbahn, sondern nichts weiter als zwei parallele Gartenwege, deren Zwischenraum auch durch Gärten ausgenutzt war.

Nachmittags stromerten die Steppkes dann gerne längs der Glücksburger Straße bis zum Lautrupbach. Rechts lag Fruerlund-Bahnhof, erster Bahnhof stadtauswärts an der einstigen Kleinbahn nach Satrup. Am Hang zur Rosenstra-

Nach der Sprengung der Bismarckbrücke legten Pioniere eine Behelfsbrücke über das Lautrupbachtal. Ein Panzer testete die Haltbarkeit.

ße grub die Kleinbahn in ihren letzten Jahren noch Kies ab, für die Bettungen der Trasse nach Kappeln. Die Sandkuhle beim Bach war schönstes Spielgelände. Vor allem die Bahnloren, die noch auf den Gleisstummeln standen. Rein, Bremse los, ein Sandhaufen stoppte irgendwann die Schussfahrt.

Eingeschult wurde Gerd Lassen in die Willi-Weber-Schule (heute Haus II der Goethe-Schule). Mit den Jahren gab es für den Jungen das erste Fahrrad – nicht etwa ein neues, sondern zusammengebaut aus alten, brauchbaren Teilen. Längs des Lautrupbaches waren die alten Bahntrassen, in Jahren festgetrampelt, ein idealer Radweg unter der Holzbrücke von Fruerlundmühle hindurch bis zur „Teufelsbrücke". Den Namen hat auch Gerd Lassen parat, hat aber nie eine Erklärung gehört, warum das Bauwerk diesen Spitznamen erhielt. Diese Brücke im Verlauf der Bismarckstraße war ein recht grober Betonbau, mit hochgezogenen Mauern als Geländer, die oben spitz geformt waren, damit niemand auf die Idee kam, hinaufzuklettern. In den 50er Jahren wurde die Brücke wegen Baufälligkeit gesprengt.

Bevor die Nachfolgerin errichtet werden konnte, legten Pioniere eine Behelfsbrücke mit einem Schlitz zwischen den Fahrspuren über das Tal. Auf einer verwegenen Fahrt stürzte Gerd Lassen mit seinem Fahrrad in diesen Schlitz.

Das Fahrrad brachte die weitere Umgebung näher: Das erste Haus der Adelbyer Meierei am Bredeberg/Jürgensgaarder Straße war ein Endpunkt der Erkundungstouren, ebenso wie der Durchfluss des Lautrupbaches unter der neuen, 1954 eingeweihten Nordstraße. Immer wieder wurde das Rohr durchwatet, mancher glitschige Stein oder ein nachgiebiges Büschel Gras am Ufer ließ die Abenteurer ausrutschen und im Wasser landen. Zu Hause gab es dann Krach.

Auch der Hafen war nicht weit. Das Geschehen an der Ostseite war durchaus geeignet, Jungen zu faszinieren. Dampfloks rangierten Waggons zu den Kornsilos, Kühlwagen mit Ziel Frankreich wurden mit Miesmuscheln beladen. Spannend waren am Hafendamm auch die alten Oberleitungsbusse, die, um von der Endstation auf ihre Route zurückzukehren, zum Wenden eine Schleife um die Pumpstation Ballastbrücke fahren mussten.

Hoch interessant waren die Ausflüge Richtung Bundesbahn über Kanzleistraße und Peelwatt. Dort, auf einem Gleis unter der alten Brücke, waren ausgemusterte Dampflokomotiven abgestellt worden und warteteten auf die Verschrottung. Welch ein wunderschöner Spielplatz. Gerd Lassen und seine Freunde kletterten die brennnesselüberwucherten Abhänge hinab, enterten die Lokomotiven und spielten voller Freude Eisenbahn – auf den Loks, in den Führerständen. Es kam, wie es kommen musste: Das Personal der einfahrenden Züge aus Kiel sah die Kinder und alarmierte die Bahnpolizei. Die „Sheriffs“ knöpften sich die Lausebengel vor, ermahnte sie mit Strenge – am nächsten Tag waren sie wieder da und ließen sich, nun etwas gewitzter, nicht mehr so schnell erwischen.

Zum östlichen Stadtrand führte zunächst ein Trampelpfad am Lautrupbach entlang bis zum alten Bahnwärterhäuschen am Trögelsbyer Weg. Von dort ging es weiter, der riesige Stadtteil Engelsby war nicht einmal zu erahnen. Mozartstraße, Brahmsstraße – alles Felder und Koppeln eines Gehöftes. Am Ende des Weges lag Trögelsbyhof, dahinter begann Angeln.

Anfang der 60er Jahre wurden die Ausflüge seltener, es gab eine neue Attraktion. Den Sportplatz auf den freien Feldern direkt am Sender nutzte der Verein Flensburg 08 und baute dort ein Club- und Sportlerheim. Nach dem Wegzug des Vereins stand es einige Jahre lang leer, mit eingeschlagenen Scheiben, dann rückten Handwerker an und renovierten den Holzbau. Er eröffnete neu in Regie der Stadt als Jugend- und Freizeitheim für Jürgensby mit einem eigenen Heimbetreuer, der ein Angebot an Filmabenden, Fußballspielen und Auftritten von Kapellen organisierte. „Dort war eigentlich immer etwas los. Wir hatten dort immer einen Anlaufpunkt, an dem alle Kinder der Umgebung zusammenkamen.“

Unterhaltung in nächster Nähe bot in den 50er Jahren das neu erbaute Palast-Kino am Anfang des Adelbyer Kirchenweges. Bei Familie Lassen und den Nachbarn hieß es nur Puschenkino, denn man konnte bequem in Hausschuhen zur Vorstellung gehen.

Klein und gemütlich, eben typisch 50er Jahre, waren die Geschäfte, die die Menschen an der Glücksburger Straße versorgten. In einem einstöckigen Bau gleich neben der Gärtnerei an der Kreuzung mit dem Kirchenweg hatte Kaufmann Wohnrauh sein Geschäft (später ein Imbiss). In einem der Neubauten der Wohnungsbau am Kirchenweg konnten die Menschen bei Milchmann Bendsen einkaufen. Unmittelbar vor dem Lautrupbach an der Glücksburger Straße betrieb Schlachter Benno Clausen sein Geschäft. Und direkt beim alten Bahnhofsgebäude bot von Hoeven in der Art eines Dorfhökers alles an, was im Alltag gebraucht wurde: „Von Pütt und Pann bis zum Fahrradschlauch und dem passenden Ventil.“ Kein einziges Geschäft hat sich bis in die Gegenwart erhalten. Wenn ihre Räume in Mietshäusern untergebracht waren, wurden sie nach Schließung des Ladens zu Wohnungen umgebaut.

Ein bisschen einfacher hatten es die Hausfrauen, wenn sie Milch brauchten. In seinem typischen 50er-Jahre-Kleinlaster fuhr der Milchmann die Straßen ab und machte sich durch Klingeln bemerkbar. Hinten hatte er seine Zapfanlage, an der er durch Pumpen seinen Kunden die mitgebrachte Alukanne füllte. Mit an Bord waren die typischen Literflaschen mit Stanniolverschluss, innen drin „Buttermilch mit Sago, so ein komisches Zeug", fasst Gerd Lassen die gebremste Begeisterung der Kinder für dieses Angebot des Milchmanns zusammen. Bäckerein gab es erst in einiger Entfernung, am Adelbykamp: Bäcker Boysen und in der Nähe Bäcker Klahrmann. Von dort machten sich freitags zwei Jungens mit einer Handkarre auf den Weg durch Jürgensby und lieferten die bestellten Brote aus.

Kohlenhändler Konrad Lehre kippte mehrmals im Jahr Brikett zentnerweise im Keller ab. Kartoffeln kamen immer per zehn Zentner zum Einlagern. In dem kühlen Untergeschoss hatte Gerd Lassens Vater ein Holzgestell gebaut, auf dem die Äpfel aus dem Garten gut gelüftet und so vor dem Verfaulen geschützt die Monate überstanden, bis sie gegessen wurden.

Immer wieder wurde bei Lassens der Hofplatz zur Werkstatt, so als Gerd Lassen seinem Vetter für fünf Mark ein Moped der Marke NSU Quickly abkaufte. Eigentlich sollte das Gefährt verschrottet werden. Im besten Zustand war es nicht mehr, denn sein Vorbesitzer war damit auf blanken Felgen über Stock und Stein „gebrettert". Als Gerds Vater mit einem Pritschenwagen aus Grundhof ein altes Sofa für die Gartenlaube abholen sollte, war die Chance gekommen: Das Moped passte noch mit auf die Ladefläche. Gerd Lassen verbrachte die Ferien damit, das Moped Teil für Teil zu zerlegen, im Geschäft von „Peter Rad" am Hafermarkt (Fahrrad Petersen) Ersatzteile zu kaufen und das gute Stück von Grund auf zu restaurieren. Anerkennung für die Leistung: Der Vater erbat sich die NSU für den täglichen Weg zur Arbeit beim Kraftfahrt-Betriebshof der Post an der Schleswiger Straße und vor allem für den steigungsreichen Weg zurück.

Einige Jahre später sollten die Erfahrungen noch einmal angewendet werden – an einer zur Geländemaschine umgebauten 250er DKW. Vom Vergaser wurde der Luftfilter abgebaut, damit der Motor mehr Luft bekam und mehr Kraft entwickelte. Damit das empfindliche Innere vor Dreck geschützt war, zog Gerd Lassen einen Nylonstrumpf als Filter über. Beim ersten Anlassen war der Strumpf weg: aufgesaugt und vom Motor verschluckt. Verboten war es, das Motorrad auf der Straße zu fahren. Gerd Lassen schob sie vom Hofplatz durch die Pforte in die Kolonie „Garten Eden“ bis hinunter zum Lautrupbach. Mit einem Höllenlärm wurden im Bachtal die Probefahrten absolviert. Ein Freund wollte es sich nicht nehmen lassen, einmal mitzufahren. Gerd Lassen legte einen Blitzstart hin – und der Freund lag hinten im Kies.

Der falsche Doktor

Die Polizeibeamten staunten nicht schlecht, als sie die Geldbörse durchsahen, die an einem Tag des April 1983 auf dem Tresen des ersten Reviers lag. Einer der beiden Ausweise, der in der Börse steckte, war ein Dienstausweis: ausgestellt von der Stadt Flensburg für einen ihrer Mitarbeiter. Der Name, fast so schön wie Musik, zu schön, um wahr zu sein: Dr. Dr. med. Clemens Bartholdy. Alter: 31 Jahre. Der zweite Ausweis, den die Polizisten fanden, war wesentlich weniger spektakulär: Ein Presseausweis der Agentur „Associated Press“ (AP), ausgestellt für ihren Mitarbeiter Gert Uwe Postel (25 Jahre). Das Frappierende beim Vergleich war der Blick auf die Fotos: Sie zeigten ohne jeden Zweifel dieselbe Person.

Die misstrauischen Beamten nahmen Witterung auf und zerrten schnell den Skandal ans Licht, der Flensburg bundesweit in die Medien bringen sollte. Nachfragen ergaben, dass sich der gelernte Postbote Gert Uwe Postel aus Bremen unter dem Decknamen Dr. Dr. med. Clemens Bartholdy für die von der Stadt im Spätsommer 1982 ausgeschriebene Stelle des stellvertretenden Amtsarztes beworben hatte.

Schon einmal hatte er sich mit gefälschten Unterlagen beim Reichsbund Bremen eine Anstellung als Arzt erschwindelt. Doch damals flog der Betrüger auf. Auf die Flensburger Ausschreibung hin kam er in die Fördestadt, nahm Quartier im kleinen Dorf Bönstrup und knüpfte Kontakt mit dem Leiter des Amtes, Dr. Wolfgang Wodarg. Man traf sich, lernte sich kennen, war sich sympathisch und besprach das weitere Vorgehen für eine mögliche Einstellung. „Wir waren froh, jemanden zu haben, der zeigte, dass er auf sozialpsychiatrischem Gebiet etwas tun wollte“, erläuterte Amtsarzt Wodarg später vor Gericht. Tatsächlich reichte Postel eine Bewerbung beim Personalamt der Stadt ein, bei der die notwendigen Unterlagen teilweise fehlten oder gefälscht waren.

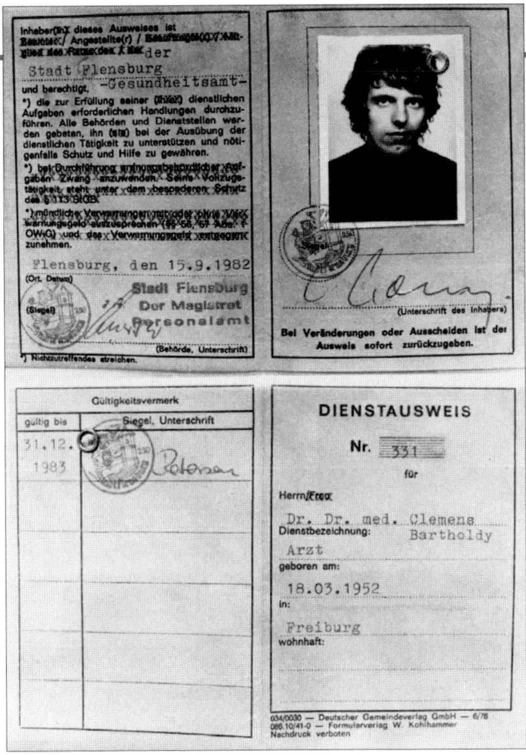

Inhaber(in) dieses Ausweises ist Beamter / Angestellte(r) / Beschäftigte(r) / Mitglied des Rates des Kreises der
Stadt Flensburg
-Gesundheitsamt-
und berechtigt,
*) die zur Erfüllung seiner (ihrer) dienstlichen Aufgaben erforderlichen Handlungen durchzuführen. Alle Behörden und Dienststellen werden gebeten, ihn (sie) bei der Ausübung der dienstlichen Tätigkeit zu unterstützen und nötigenfalls Schutz und Hilfe zu gewähren.
*) bei Durchführung ordnungsbehördlicher Aufgaben Zwang anzuwenden. Seine Vollzugstätigkeit steht unter dem besonderen Schutz des § 113 StGB.
*) mündliche Verwarnungen mit oder ohne Verwarnungsgeld auszusprechen (§§ 56, 57 Abs. 1 OWiG) und das Verwarnungsgeld entgegenzunehmen.

Flensburg, den 15.9.1982
(Ort, Datum)
(Siegel)
Stadt Flensburg
Der Magistrat
Personalamt
(Behörde, Unterschrift)
*) Nichtzutreffendes streichen.

(Unterschrift des Inhabers)
Bei Veränderungen oder Ausscheiden ist der Ausweis sofort zurückzugeben.

Gültigkeitsvermerk	
gültig bis	Siegel, Unterschrift
31.12. 1983	Petersen

DIENSTAUSWEIS
Nr. 331
für
Herrn/Frau
Dr. Dr. med. Clemens Bartholdy
Dienstbezeichnung:
Arzt
geboren am:
18.03.1952
in:
Freiburg
wohnhaft:

034/0030 — Deutscher Gemeindeverlag GmbH — 6/78
086.10/41-0 — Formularverlag W. Kohlhammer
Nachdruck verboten

Im Dienst der Stadt. Der Ausweis des falschen Doktors.

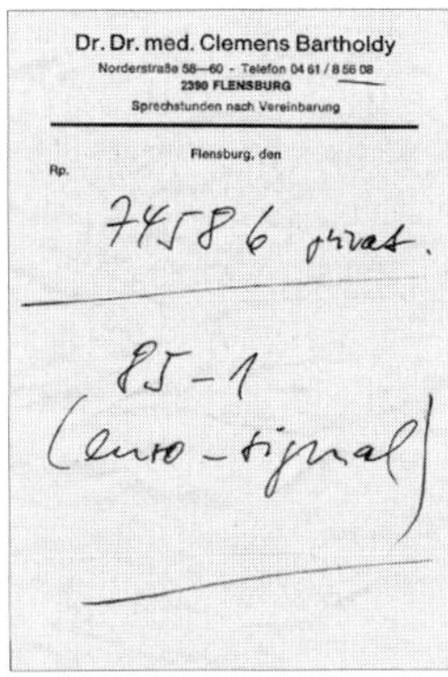

Dr. Dr. med. Clemens Bartholdy
Norderstraße 58—60 · Telefon 04 61 / 8 56 08
2390 FLENSBURG
Sprechstunden nach Vereinbarung
Flensburg, den
Rp.
74586 privat.
85-1
(euro-signal)

Alles Angabe: Auf Rezeptschein gab „Dr. Dr. Bartholdy" die Nummer seines „Piepers" weiter.

Das grüne Licht vom künftigen Arbeitgeber kam ruckzuck: Im September 1982 zog Dr. Dr. Bartholdy ins Flensburger Gesundheitsamt ein. An der Tür des Dienstzimmers sowie im städtischen Telefonverzeichnis prangten unübersehbar die Bezeichnungen „stellvertretender Amtsarzt". Sein Chef Wodarg und der gemeinsame Vorgesetzte, Dezernent Klaus Bartnitzke, setzten große Hoffnungen auf ihn. Der Schein-Medizinier mit angeblich ausgeprägten psychiatrischen Fähigkeiten sollte einen sozialpsychiatrischen Dienst aufbauen, durfte daneben für Gerichte und andere Behörden psychiatrische Gutachten erstellen. Am Tag, als er wegen seiner Schwindelei in Bremen verurteilt wurde, hatte er

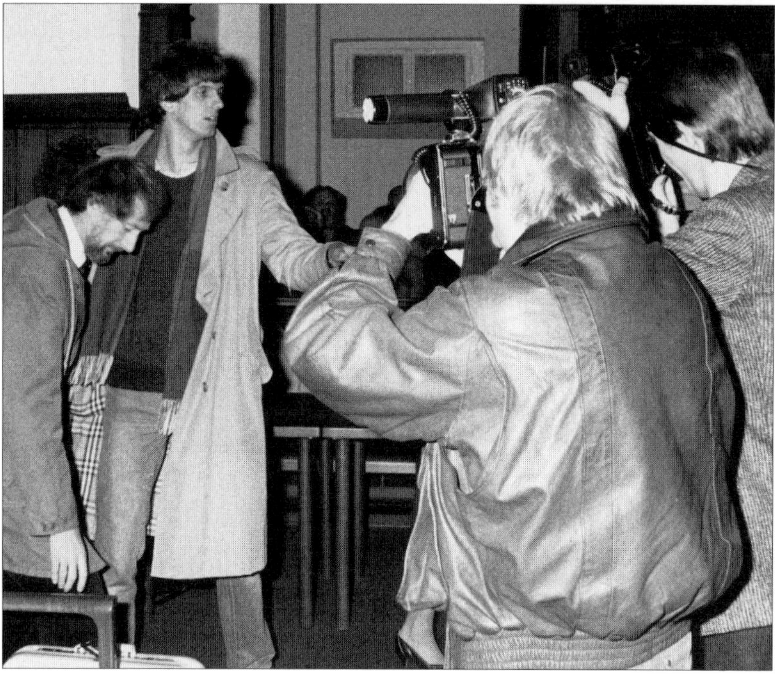

Das war das Schönste für ihn: Postel im Mittelpunkt des Medien-Interesses.

nachmittags einen Termin in Flensburg vor Gericht – als Gutachter.

Doch dass der Pseudo-Arzt ein Nichtskönner war, blieb dann auch, trotz allen Wohlwollens, Dr. Wodarg nicht verborgen. Der Aufgabenbereich schrumpfte immer weiter. Überlegt wurde trotzdem, ihn in der nervenärztlichen Beratungsstelle der Stadt und in der Jugendberatung einzusetzen. Doch dazu hatte „Dr. Bartholdy“ keine Lust, er schied aus dem Dienst des Gesundheitsamtes aus.

Kurz darauf: der Verlust der Ausweise. Die Polizei durchsuchte das Appartement des Hochstaplers im Ortsteil Wassersleben der Flensburger Nachbargemeinde Harrislee. Der falsche Doktor war weg. Doch Spuren führten nach Bremen. Als Polizisten in die Hansestadt fuhren, entdeckten sie den Gesuchten auf der Straße in der Nähe seiner Wohnung. Sie nahmen ihn fest. Die Beamten hatten das Gefühl, „Dr. Bartholdy“ sei froh, dass es vorbei ist.

Schluss der Betrügereien: Gert Postel (rechts) mit seinem Anwalt vor Gericht.

Stück für Stück kam die Wahrheit über Postels Taten, aber auch über das Versagen der Flensburger Stadtverwaltung ans Licht. Der gelernte Postbote war beim Fälschen der Dokumente mit enormem Einfallsreichtum und großer krimineller Energie vorgegangen. Wollte er etwas erreichen, schob er einen Titel vor und nutzte das Vertrauen seiner Gesprächspartner aus. Schien er wirklich in die Enge getrieben, halfen ihm seine Kaltschnäuzigkeit und eine Lüge weiter.

Die zuständige Flensburger Sozialverwaltung versuchte das Ausmaß der Blamage zu verschleiern. Dass Postel als stellvertretender Amtsarzt gearbeitet habe, sei eine „Fehlinterpretation". Im Mittelpunkt der ersten Bemühungen nach Auffliegen des Skandals stand die Klärung der Frage, welchen Schaden der angebliche Psychiater angerichtet hatte. Sozialdezernent Bartnitzke und Amtsarzt Wodarg erklärten, alle Gutachten seien gegengecheckt worden. Es sei keinem Menschen Schaden durch falsche Behandlung entstanden. Die Redaktion des „Flensburger Tageblatts“ wies nach, dass „Dr. Bartholdy“ psychiatrische Gutachten als ungenehmigte Nebentätigkeit erstellt und dafür die Räume und Untersuchungsmöglichkeiten des Gesundheitsamtes genutzt hatte – also ohne Erlaubnis unter den Augen seines Vorgesetzten sein Unwesen trieb.

Während des Prozesses vor der 1. Großen Strafkammer am Landgericht Flensburg im Dezember 1984 kam Licht in den Wust von Hochstapeleien, Betrügereien, Vernebelung und Inkompetenz. Postel selbst erzählte von seiner traurigen Kindheit, von seinen eigenen Gedanken an Selbstmord. Er ließ die Richter wissen: „Nicht um jeden Preis“ wolle er leben, „zum Beispiel im Gefängnis“. Bis ins Detail ließ sich das Gericht schildern, wie es dem falschen Doppel-Doktor möglich war, die Anstellung in Flensburg zu erreichen. Immer wieder: Tricksereien, Lügen auf der einen Seite, Gutgläubigkeit, mangelndes Misstrauen, fahrlässiges Übersehen offenkundiger Zeichen auf der anderen. Das Gericht kam zum Schluss: Dem Hochstapler Gert Postel ist es in Flensburg leicht gemacht worden.

Das Gericht urteilte kurz vor Weihnachten 1984: ein Jahr Gefängnis, ausgesetzt auf vier Jahre zur Bewährung. Gert Uwe Postel konnte seine Gedanken an Selbstmord verdrängen. Mancher, der den Hochstapler als freien Mann gehen sah, wagte die Prognose: Von dem hören wir wieder.

Sie sollten recht behalten. Für seine Doktor-Spiele nutzte Postbote Postel die Wirren der deutschen Einheit, die Turbulenzen des Neuanfangs und die Tatsache aus, dass der „Eiserne Vorhang“ einst eine geniale Isolation war, die die Informationen über seine Taten zuverlässig verschluckte. Wo also ließ sich wieder besser unentdeckt Psychiater spielen als in irgendeinem Provinznest im Osten? Am 11. Juli 1997 teilte das Sozialministerium des Freistaates Sachsen mit, „dass im Krankenhaus Zschadraß gestern „Doktor“ Gert Postel als Hochstapler entdeckt worden war. „Postel wurde im November 1995 als Oberarzt eingestellt. Die verschiedenen Stationen seines Berufsweges einschließlich der ärztlichen Zeugnisse hat er durch Vorlage gefälschter Urkunden belegt ..."

Postel war sofort vom Dienst suspendiert worden. Als Polizeibeamte an der Tür des Personalwohnheims der Klinik auftauchten, war der Schummel-Mediziner stiften gegangen.

Pech für den dreisten Hochstapler, der sich nicht einmal die Mühe gemacht hatte, einen falschen Namen auszudenken: Er strauchelte über seine Flensburger Vergangenheit. Eine neue Mitarbeiterin in der Klinik – aus Flensburg – erzählte ihren Eltern von Dr. Postel. Bei ihnen ließ der Name eine Alarmglocke anschlagen. Sie vergewisserten sich, informierten ihre Tochter und der Schwindel flog auf.

Im Mai 1994 war die Polizei erfolgreich und verhaftete den falschen Doktor in einer Stuttgarter Telefonzelle.

Am 20. Januar 1999 begann vor dem Landgericht Leipzig der Prozess gegen Postel. Wie in Flensburg, offenbarte die Beweisaufnahme wieder die Mischung aus Dreistigkeit, die auf fatale Inkompetenz traf. So musste der Personalchef des sächsischen Gesundheitsministeriums einräumen, dass in seiner Behörde weder die unterschiedlichen Angaben auffielen, wo Postel angeblich sein Abitur gemacht hatte, noch die abstruse Beglaubigung eines Schulzeugnisses durch den Generalbundesanwalt. Nach vier Verhandlungstagen war der Prozess vorbei. Hinter Gitter schickten ihn die Leipziger Richter für vier Jahre – ohne Bewährung. Wegen guter Führung kam er früher frei.

Bleibt die Frage: Was treibt Gert Postel zu seinen Hochstapeleien? Die psychiatrischen Gutachter im Flensburger wie Leipziger Prozess bestätigten dem ehemaligen Postboten übereinstimmend eine über das normale Maß hinausgehende Geltungssucht.

Unter den Wolken

Jahrzehntelang gehörte der Flensburger Sender zur Silhouette des östlichen Stadtbildes wie der Turm der St.-Jürgen-Kirche. Seit 1931 sorgte der hölzerne „Eiffelturm" für Empfang in Stadt und im Umland. Als dann das Fernsehen seinen Siegeszug antrat, reichten die Antennen nicht mehr aus. Der „Eiffelturm", im Mai 1945 letzter deutscher „Reichssender", wurde abgerissen. Ihn ersetzte ein Stahlrohrmast von 205 Metern Höhe und 1,80 Meter Durchmesser: der rotweiße „Bleistift". Vier Tage vor Weihnachten 1957 strahlte er die ersten Fernsehsendungen aus. Der Sender war auf freiem Feld entstanden und rundherum gab es kaum Bebauung. Doch die Stadt wuchs immer näher an den „Bleistift" heran – und damit begannen die Probleme. Immer im Winter schlug sich Feuchtigkeit auf Antennen und den Haltetrossen nieder und wurde zu Eis. Stiegen die Temperaturen wieder, taute dieser Panzer und mächtige Eisbrocken stürzten in die Tiefe. An den Dächern der Häuser in der Nachbarschaft entstanden große Schäden, die Hausbesitzer sprachen von „einschlagenden Bomben". Der NDR nahm Überlegungen auf, seinen Sender abzureißen und neu zu bauen. Der Beschluss dazu fiel Anfang der 80er Jahre. 1988 war schließlich die Zeit zum Abbruch des Jürgensbyer „Bleistifts" gekommen.

Die Einschränkungen des Betriebs und die letzte Gelegenheit vor der Demontage wollte der Autor noch zu einem Aufstieg nutzen. Der Norddeutsche Rundfunk gab die Erlaubnis für zwei Personen und stellte einen Mitarbeiter zur Begleitung ab. Fotograf Günter Grätsch kam mit. Während des Betriebs war ein Aufstieg unmöglich gewesen, die Strahlung in nächster Nähe der Antennen bedeutete Lebensgefahr. Doch im Herbst 1989 hatte der NDR den Betrieb vom „Bleistift" zum neuen Sender Fuchsberg umgeschaltet – die Gelegenheit war da. Kontrollfrage vor dem Aufstieg: „Höhentauglich?" Keine Ahnung, das wird sich oben zeigen.

Rundblick: Der Autor auf dem Sender 200 Meter über der Stadt.

Und wie ging es nach oben? Fahrstuhl wäre ja schön gewesen, aber die Röhre hatte keinen Platz dafür. Nicht einmal für eine Wendeltreppe. Innen stand nur eine senkrechte Leiter, durch Streben an der Masthülle befestigt. In der Mitte der Sprossen war eine Schiene befestigt, in die wurde der Haken des umgelegten Sicherungsgurtes eingerastet. Beim Hochklettern lief er ohne großen Widerstand mit, einen Sturz würde er schon nach Zentimetern stoppen.

Tipp vom Profi: Im Gurt zurücklehnen, nicht mit den Armen an den Sprossen hinaufziehen, aus den Beinen heraus die Kraft zum Steigen entwickeln. Und alle paar Minuten eine Pause einlegen. „In einem Stück schafft den Aufstieg keiner." Wie lange braucht ein geübter Monteur? 20, 30 Minuten. Und dann noch eine eindringliche Ermahnung vom Begleiter: „Auf keinen Fall die Tür zur ersten Plattform öffnen! Dort arbeiten noch die Antennen. Die Stahlhülle des Mastes schützt vor der Strahlung. Was, wenn doch?"

Die Strahlung wirkt wie eine Mikrowelle. „Ihnen würde von innen mächtig heiß werden.“ Auf weitere Details verzichtet der NDR-Techniker.

Von der idyllischen, mit Äpfeln übersäten Wiese führt eine kleine Stahltreppe hinauf zum Einstiegsluk des Mastes, einem ovalen Schiffsschott sehr ähnlich. Hinter der Tür – Finsternis. Blick nach oben: Schwärze. Im Innern gibt es kein Licht. Aber: Es rauscht ununterbrochen, geradezu unheimlich. Der am Mast vorbeistreichende Wind produziert ein Geräusch wie das Rauschen des Verkehrs, die stählernen Wände verteilen den Klang durch die ganze Röhre. Na, dann los. Der Haken des Sicherheitsgurtes wird in die Schiene eingefädelt. Auf geht's, senkrecht gegen die Erdanziehungskraft, alle 30 Zentimeter eine Sprosse.

Was meinte der Fachmann? Zurücklegen in den Gurt, nach hinten lehnen? Mit dem Rücken über das schwarze Loch, das mit jeder Sprosse tiefer wird. Die Arme klammern sich an die Sprossen, ziehen nach oben und werden schnell müde, die Beine müssen den Körper allein hochdrücken. Nach 30, 40 Metern findet sich tatsächlich eine kräftesparende Haltung. Und alle 25, 30 Meter eine kleine Pause. Der verlängerte Rücken stützt sich auf die Stahlringe, die zur Verstärkung der Stahlhaut eingearbeitet sind. Der Puls kann sich beruhigen und ein anderes Gefühl schlägt durch: Der Mast schwankt! Im leichten Wind wackelt er ständig hin und her. Das Schwanken schlägt voll durch auf die Leiter, der Körper muss es auspendeln. Beklemmende Gedanken machen sich breit – aber das Ding hat ja schon 30 Jahre gehalten.

Der Rhythmus „Klettern – Pause – Klettern“ wird plötzlich unterbrochen durch ein kräftiges, lautes „Moin!“ von oben. Eckhard Dobrinski und Heinz Pompös vom Abbruchkommando sind über den Besuch informiert, stellen die Demontage ein und helfen beim Ausstieg. Der Gurthaken wird gelöst – raus ins Freie. Aber der Schritt stoppt urplötzlich. Wo der Fuß hintreten will, vermittelt das Auge nur Hausdächer und grünes Gelände ganz tief unten: Die

Plattform ist nur ein Gitterrost. Allerdings mit einem beruhigenden Geländer in Bauchhöhe.

Die Höhe? „Gut 150 Meter“, schätzt der Fachmann. Ziel des Ehrgeizes ist allerdings die Plattform an der Spitze des Mastes, 205 Meter hoch, dort, wo die schmale UKW-Antenne aufgesetzt ist. „Kein Problem“, meint der Fachmann, „dann müssen Sie innen noch etwas höher klettern, nach draußen und außen auf der Leiter nach oben steigen.“ Nichts als 200 Meter Luft zwischen dünnen Leitersprossen und dem Erdboden! Muss man wirklich jeden Ehrgeiz befriedigen? Muss man nicht. Der NDR-Mitarbeiter schmunzelt verständnisvoll. Aber ein paar Meter geht's noch höher, bis zur Plattform am weißen Segment unter der Mastspitze. Das packen wir. Höhe 185 Meter nach 30 Minuten Aufstieg, Flensburg zu Füßen und die ziehenden Wolken direkt über dem Kopf. Das Stadtpanorama ist überwältigend schön. Nach Nordosten markiert blaugrau die Außenförde den Horizont, Im Osten reicht der Blick weit über Angelns Hügel, im Westen hebt sich die Geest, Süden und Südosten liegen im Dunst. Der Kopf ist in dieser Höhe direkt unter den Wolken. Gut, die Fototasche mitgeschleppt zu haben, Film um Film wird verbraucht.

Wie empfinden die Monteure ihren himmlischen Arbeitsplatz? „Witzig, von hier oben auf Flugzeuge herunterzugucken“, meint Eckhard Dobrinski. Die laue Brise am Boden wird hier oben allerdings zum kräftigen Nordwest, Stärke 4 bis 5 und schneidend kalt. Richtig angenehm ist es, wenn die dem Wind abgekehrte Seite von der Sonne beschienen ist. Das gleichmäßige Pendeln des Turms – etwa zehn Zentimeter im Sekundentakt – lässt gut Gewöhnung zu. Und dann: Ende des Ausflugs, Abstieg. 185 Meter in dreißig Minuten. So weich wie danach waren die Knie noch nie. Doch flaue Beine waren kein Preis dafür, dass ein Traum wahr wurde.

Heute erinnert nur noch die kleine Straße „Am Sender“ im Viertel an den Jürgensbyer Sender.